KONEN MED TRÆBENET & DEN GALE KONTORIST

Fattigforsorg i Grønbæk og Svostrup sogne i 1800-tallet

Dorte Frandsen

Konen med træbenet og den gale kontorist

Fattigforsorg i Grønbæk og Svostrup Sogne i 1800-tallet

Konen med træbenet og den gale kontorist
– fattigforsorg i Grønbæk og Svostrup sogne i 1800-tallet

Omslag: Kasper Arnklit Frandsen
Illustrationer: Kasper Arnklit Frandsen

Forlag: Books on Demand GmbH, København, Danmark
Tryk: Books on Demand GmbH, Norderstedt, Tyskland

ISBN: 978-87-7145-649-3

Indholdsfortegnelse

Billeder:

Forord

Når man hører ordet fattiggård, tænker mange sikkert på snavs, sygdom, druk, udnyttelse og elendighed, og hvis man har set Emil fra Lønneberg i tv, kommer man måske til at tænke på den fæle kone, Kommandusen, som åd al den gode julemad, Emils mor havde sendt hen til staklerne i fattighuset. Der har utvivlsomt været nogle "Kommanduser" rundt omkring på fattiggårdene, og i bagklogskabens klare lys kan man nemt blive forarget og indigneret over det menneskesyn, som lå bag tidligere tiders sociale lovgivning, og de forhold man bød samfundets svageste, men man må formode at både bestyrerne og sognerådene gjorde deres bedste, indenfor de rammer de havde at arbejde under.

Da jeg læste Grauballe Fattiggårds dagbog første gang, blev jeg fascineret af alle de historie, der lå og ventede på at blive samlet op og foldet ud, og jeg fik lyst til at vide meget mere. I starten ville jeg egentlig bare skrive en lille artikel til lokalarkivets årsskrift, men projektet løb af med mig, og jeg endte med at bruge lang tid på at vælge ud og begrænse mig, for ellers ville det aldrig få en ende.

Jeg har næsten drevet mine omgivelser til vanvid med min snak om fattiggården og ikke mindst fattiglemmerne, så derfor vil jeg gerne sige tak fordi de holdt mig ud, mens det stod på. En stor tak til Bjarne Smedgaard, som har hjulpet mig med opslag på Rigsarkivet og givet mig adgang til familieerindringer, tak til Helmer Sangill, som har fortalt mig vidunderlige historier om sin familie, Erna Andersen, som delte sin viden med mig, Silkeborg Arkiv, som har gravet utallige støvede protokoller ud fra hylderne og en stor tak til Hans Pedersen, som med sit store lokalkendskab har hjulpet mig frem til oplysninger, der ikke var tilgængelige i de gængse kilder, lyttet interesseret til alle mine historier og opmuntret mig til at grave endnu dybere. Også en stor tak til Carl-Johan B. Madsen, som har været en hyggelig ledsager på utallige ture til Landsarkivet i Viborg, har hjulpet mig med opslag og derudover lagt øre til alle mine historier gennem hele processen, og sidst, men ikke mindst; tak til min søn Kasper, som har stået for grafikken, renset gamle billeder, lavet det flotte omslag til bogen og givet gode råd.

Der er mange historier, man kunne fortælle om det at være fattig, umyndiggjort og afhængig af omgivelsernes hjælp, og der findes allerede mange gode bøger om emnet. Jeg vil med denne bog fortælle lidt om, hvordan de fattiges forhold var i Grønbæk og Svostrup sogne op gennem 1800-tallet og i starten af 1900-tallet, hvor Grønbæk Hospital, Svostrup Fattighus, Grauballe Fattiggård og Svostrup Asyl dannede rammen om mange fattigfolks tilværelse. Jeg har valgt også at fortælle ejendommenes historie, fordi en del af den historie også er en del af nogle af fattiglemmernes og bestyrernes historie. Det er dog fattiggården og dens beboere der fylder mest; de fattige stakler, syge, gamle, retarderede, enker og forladte hustruer, forældreløse, forladte og uægte børn, og de mennesker, der viede deres arbejdsliv til at tage vare på dem.

Indledning

Når man lever i vore dages velfærdsstat, er det vel nærmest umuligt at forstå den elendighed og fattigdom, som en stor del af den danske befolkning levede i for få århundreder siden. I alle sogne vandrede de fattige fra hus til hus og tiggede, og når høsten slog fejl, bankede hungersnøden også på hos bønder og husmænd.

I 1708 kom en fattigforordning, som skulle bringe lidt mere orden på forholdene og forhindre omstrejfende tiggere og vagabonder. Ifølge forordningen skulle de fattige blive i deres eget sogn og måtte ikke vandre rundt. Fremmede fattige skulle sendes til deres hjemsogn, og var de udlændinge, skulle de helt ud af landet. De fattige skulle søge om almisse af sognets fattigkasse, det blev strafbart at tigge, børnene skulle modtage undervisning og alle der kunne (også børnene), skulle sættes i arbejde. Forordningen var gældende indtil 1803, hvor det blev udstedt et reglement for fattigvæsenet, der op gennem 1800-tallet blev suppleret med flere love, som på den ene side gav de fattige ret til hjælp, men samtidig indskrænkede deres borgerrettigheder; bl.a. blev det i 1824 forbudt for de fattige at gifte sig uden tilladelse fra fattigkommisionen.

Der var rundt omkring blevet oprettet såkaldte hospitaler, hvor ældre fattige kunne få husly og pleje og en anstændig begravelse bagefter, men de fleste steder udtingede[1] man fattiglemmerne og de forældreløse børn til den lavest bydende blandt sognets beboere, eller opbevarede dem i fattighuse tilfældigt placeret rundt omkring i sognene, hvor flere familier var stuvet sammen på meget lidt plads under kummerlige forhold.

I midten af 1800-tallet begyndte fattiggårdene at dukke op. Nu samlede man revl og krat – fattige, fysisk og psykisk syge, retarderede, forældreløse børn, alkoholikere og gamle – under samme tag. Set med nutidens øjne var fattiggårdene ikke nogen løsning på problemerne, nærmere et forsøg på at feje dem ind under gulvtæppet, men for mange af datidens fattige og svage har flytningen til fattiggården på nogle områder været en forbedring i forhold til det de kom fra; der var mad på bordet hver dag, rent linned, lægehjælp og pleje til de syge, og når man nåede til livets slutning, blev man begravet på rimelig anstændig vis. Til gengæld måtte de fattige give afkald på en stor del af deres personlige frihed. På fattiggården kunne de ikke selv bestemme ret meget; bl.a. måtte de ikke forlade stedet uden tilladelse, og de skulle gå i seng og stå op til bestemte tider.

I dag gyser vi ved tanken om, at børn skulle bo sammen med alkoholikere og psykisk syge, men selv for børnene har fattiggården nogle gange været at foretrække, frem for et hjem hvor far måske var alkoholiker og bankede både kone og børn, eller en plejefamilie, som i nogle tilfælde kun havde taget dem til sig for arbejdskraftens skyld. Ud over at huse de fattige, blev mange fattiggårde brugt både som husvildebolig og sygehjem, og de fungerede som en slags forsorgshjem for landevejens farende svende, der, når vejret blev for hårdt, eller vagabonderne blev syge, søgte ind på nærmeste fattiggård. Også ved højtiderne gæstede landevejsridderne ofte fattiggårdene.

I Grønbæk-Svostrup Kommune havde man både hospital og fattighus, men der var langt fra plads til alle, der havde behov, så hovedparten af de fattiglemmer, der ikke var i stand til at tage vare på sig selv, var sat i pleje hos sognets beboere. Op gennem 1800-tallet blev denne situation mere og mere uholdbar, så fattighuset blev afløst af en fattiggård, mens hospitalet, som var en privat stiftelse, fortsatte, som hidtil.

Nogle steder fungerede fattiggårdene gennem næsten 100 år, men Grauballe Fattiggårds levetid blev rimelig kort, nemlig kun 27 år fra 1. april 1880 til den 16. april 1907. Den blev afløst af Svostrup Asyl, som nærmest var en blanding af et plejehjem og et forsorgshjem. 8. april 1931 blev den sidste inventarliste lavet, da asylet fik ny forpagter. Der var ikke meget tilbage af det oprindelige inventar, og så vidt vides er der intet bevaret til i dag.

Fattighuset i Svostrup er væk for længe siden, men de tre andre ejendomme, som bogen her omhandler, står der stadig; Grønbæk Hospital med sine tykke mure, som ligger og trykker sig nedenfor Grønbæk Kirke, Grauballe Vestergård med det usædvanligt store stuehus, som kommunen byggede, da den blev indrettet til fattiggård, og den gamle skole, som husede asylet, overfor kirken i Svostrup.

Fire huse – fire historier

Grønbæk Hospital

Billede 1: Grønbæk Hospital (Foto: Dorte Frandsen 2013)

Nu om stunder er et hospital et sygehus, som kun tager sig af vores fysiske og psykiske skavanker, men da Grønbæk Hospital blev opført i 1778 havde ordet hospital en anden betydning end i dag; det var et sted, hvor man tog sig af mennesker, der på grund af fattigdom, handicap, alderdom eller sygdom ikke var i stand til at tage vare på sig selv. Hospitalerne var altså en del af tidligere tiders omsorg for de syge, gamle og fattige. De offentlige hospitaler lå hovedsageligt i byerne, men ved siden af de offentlige fandtes også privat oprettede hospitaler spredt ud over landet. Et eksempel på det sidste er Grønbæk Hospital, som blev oprettet af Christian Danielsen Fischer (1689-1774) til Allinggård og hans anden hustru, Charlotte Amalie Reenberg (1701-1770). På hospitalets mur sidder endnu i dag en sandstenstavle med følgende ordlyd:

"Høiædle og velbaarne Hr. Christian Fischer til Alling og Grauballe gaarder fød paa Silkeborg 6te marts 1689 død paa Allinggaard d. 17. juni 1774 med frue Charlotte Amalia Reenberg fød paa Ristrup d. 9. febr. 1701 død paa Allinggaard d. 20. maj 1770. Som døde og see de leve ved deres godgørenhed deres usminkkede retskafenhed og gudsfrygt leve de os alle i frisk minde og for den sildigste efterslægt skulle de daglig leve op. Ved dette æreminde der vidner om at dette hospital hvor 6 fattige af Alling og Grauballegaards godser finde ly og læ og nyde hver maanedtlig 2 rix-daler maa foruden saa mange andre priselige stiftelser til gudelig brug takke dem for sin tilværelse vor sjæl døe de retfærdiges død og vort endeligt vorde som deres."

Hospitalet stod færdigt i slutningen af 1778 og i det ydre så det dengang ud, som det gør den dag i dag. Indvendig var det indrettet med med en forstue, et køkken og en dagligstue til fælles brug for beboerne. Derudover var der et lille kammer til hver af de seks beboere og et kammer med bilæggerovn til en opvartningskone, som skulle holde opsyn, gøre rent, passe de syge og hjælpe til med madlavning m.m. Lofterne var lavet af høvlede brædder, der var lagt trægulv og dørene til beboernes kamre var forsynet med lås, så man kunne have lidt privatliv. Indventaret, der var en del af den oprindelige interprise, bestod bl.a. af en grubekeddel, en kakkelovn i stuen, et bord, en knagerække og en seng i hvert kammer, samt 16 træstole med ryglæn. Midt i stuen stod et komfur med seks ildsteder, så beboerne alle kunne tilberede deres mad samtidig, og en reol med syv hylder - en til hver beboer og en til opvartersken - hvor de kunne opbevare køkkentøj og mad. Senere blev komfuret med de seks ildsteder erstattet af et almindeligt komfur i den ene ende af huset, så beboerne måtte skiftes til at lave mad, hvilket gav anledning til en hel del gnidninger.

Politimanden Ejnar Smedegaard (1919-1976) voksede op i Iller i Grønbæk sogn, og besøgte sin "bedstemor", Marie Hansen, født Jensen, i Grønbæk Hospital. I sine erindringer har han beskrevet huset og stemningen:

Billede 2: Beboerne på Grønbæk Hospital 1917, se navnene i note 17. (Foto: Lokalarkiv Blicheregnen)

"Bygningen var meget monumental med tykke mure og høj rejsning på taget, der var tækket med røde tegl. Mod syd var der en stor stue til fælles brug, og fra den stue var der adgang til 6 værelser, der hver blev beboet. I hvert værelse, der vel var på mindre end 10 m^2, var en kakkelovn og ellers bohave i det omfang pladsen tillod. Så var der et stort køkken med cementgulv og komfur og sparsomt køkkenudstyr. Fra køkkenet var der adgang til et værelse, der var beregnet til den yngste beboer, der så skulle være de øvrige behjælpelige. Det var noget upraktisk, at alle værelser på nær to vendte mod nord, og næsten aldrig fik en solstråle. To værelser vendte mod vest, men både sol og udsigt var lukket ude af et bindingsværks-tørvehus, der var bygget i en afstand af vel mindre end 2 m fra vinduerne. Nu var den store stue vel nok beregnet til, at beboerne kunne samles der og

hygge sig, og så ellers tilbringe natten i værelset, men var det beregningen, virkede den ikke efter hensigten, idet beboerne ikke kunne enes, de bed efter hinanden og sagde slemme ting til hinanden, dog gik det vist ikke over til håndgribeligheder."

Jeg har ikke kunnet finde ikke en inventarliste senere end 1885, men i den omtales en del træmøbler, som formodentlig er de samme, som huset blev "født" med, et sparsomt køkkenudstyr, som bestod af en spand til brønden, en balje, et kar og et dejtrug, noget sengetøj, et spejl, rullegardiner i vinduerne og tre bind af Hofmanns Fundats, fire bibler og syv eksemplarer af Det nye Testamente. Måske ikke så underligt at hyggen ikke indfandt sig blandt beboerne, og at der ikke var så meget andet at lave, end at småskændes.

Billede 3: Inventar fra køkkenet i Grønbæk Hospital
(Foto: Lokalarkiv Blicheregnen)

Det var ikke hvem som helst, der fik husly på Grønbæk Hospital. I starten indstillede sognepræsten de mest trængende til executoren for Fischers testamente, senere var det sognerådet som indstillede. I begyndelsen af 1779 indstillede provst Andreas Levring (1738-1801) i Grønbæk de følgende seks fattige til at være de første beboere på hospitalet; krøblingen Niels Sørensen (1749-1812) fra Braarup, som *"hverken kan stå eller gå, men må krybe på hænder og knæ"*, den 24 årige forældreløse Kirsten Nielsdatter Roed fra Iller, som i kirkebogen betegnes som *"den vanvittige pige"*, Søren Sørensen Østergaard (1709-1785) fra Iller, som både var fattig, gammel og blind, Anders Johansen (omk. 1703-1784) fra Naderup, der var affældig og blind, den ældgamle og affældige Søren Lauridsen Nyegaard (1698-1783) fra Iller og Terkild Sørensen (omk. 1695-1782) kaldet *"Therkild Skrædder"* i Grønbæk, der også var ældgammel og affældig. Else Sørensdatter Højberg fra Iller blev foreslået som opvarterske. Imidlertid havde ejeren af Allinggård det sidste ord, og Jean Arnold Fischer (1749-1805), som havde arvet ejendommen, var ikke tilfreds med executor Teilmann, så han modsatte sig, at de fattige flyttede ind på hospitalet. Selvom de ikke fik husly, fik de dog lov til at oppebære understøttelsen på 24 rigsdaler om året.

Uoverensstemmelserne mellem J.A. Fischer og Teilmann blev dog løst, og Grønbæk Hospital blev beboet, men ikke lige med de personer, som præsten havde anbefalet i første omgang. Krøblingen Niels Sørensen døde i Roe i 18121, Kirsten Nielsdatter Roed boede på hospitalet i en periode, men døde 32 år gammel i Iller i 1787. De fire sidste, Søren Sørensen Østergaard, Anders Johansen, Søren Nyegaard og Therkild Sørensen døde i løbet af 1780erne i deres hjem. Om Else Højberg blev opvarterske er ikke helt klart. I folketællingen 1787 er Karen Andersdatter Louring opvarterske og Else er nævnt som beboer.

Grønbæk Hospital fungerede helt frem til 1960-erne, hvor sundhedsmyndighederne lukkede det, fordi bygningen efterhånden var fuldstændig nedslidt og manglede moderne bekvemmeligheder. Huset stod tomt i en årrække, mens gode kræfter arbejdede på at finde midler til at restaurere bygningen og give den nyt liv. I 1978, 200 år efter at huset blev bygget, blev det genindviet efter en omfattende restaurering, og det har siden fungeret som feriehus for dialysepatienter.

Billede 4: Maren Marie Hansen, *"Long Marie"* og Petrea Asp i haven ved Grønbæk Hospital
(Foto: Lokalarkiv Blicheregnene)

Svostrup Fattighus

Allerede i 1643 fik kirkeværgerne rundt i landet pålæg om at opføre et fattighus nær kirken, så folk kunne bringe de fattige mad og andre fornødenheder, når de gik til kirke. Udenfor huset skulle opsættes en fattig-blok[2], hvor almisser til fattige kunne lægges i. Om der har været sådan et fattighus i Svostrup før det, som jeg omtaler herunder, er ikke til at vide, men jeg har ikke fundet tegn på det.

Billede 5: Her lå Svostrup Fattighus
(Foto: Dorte Frandsen 2013)

Fattighuset i Svostrup lå på hjørnet af Allinggårdsvej og Svostrupvej (daværende matrikel nr. 8b) lige syd for Annexgården. Huset benævnes som fattighus i folketællingerne 1834 og frem til1880. Præcis hvornår det blev oprettet, har jeg ikke kunnet finde ud af, men huset er formodentlig blevet "til overs" ved udskiftningen af Svostrup by, da ejeren af ejendommen byggede et nyt stuehus på udmarkslodden.

Fattihuset bestod af to gangarealer og en fælles skorsten, derudover var der fire værelser "Cirka 5 Alen i Firkant", hvilket svarer til ca. 3 x 3 m. Der var ingen udhuse til opbevaring af brændsel og evt. redskaber, ingen toiletfaciliteter og vandforsyningen var et kildevæld, som løb forbi huset, hvilket formodentlig henviser til en af de kilder, som løb fra bakkedraget på den anden side af vejen ned over grunden, men som nu er rørlagt.

Der findes ikke et register over hvem og hvor mange, der har boet i fattighuset gennem tiden, men ved en gennemgang af folketællingerne for perioden kan man se, at der til tider har været trængsel. I 1840 var alle fire værelser optaget. I det ene boede et ægtepar med tre børn på henholdsvis 7, 10 og 13 år, i det andet værelse boede en enke med en voksen søn, det tredje værelse var beboet af en enlig døvstum kvinde og i det sidste boede en yngre kvinde med to børn på 6 og 11 år. vejen ned over grunden, men som nu er rørlagt.

Der findes ikke et register over hvem og hvor mange, der har boet i fattighuset gennem tiden, men ved en gennemgang af folketællingerne for perioden kan man se, at der til tider har været trængsel. I 1840 var alle fire værelser optaget. I det ene boede et ægtepar med tre børn på henholdsvis 7, 10 og 13 år, i det andet værelse boede en enke med en voksen søn, det tredje værelse var beboet af en enlig døvstum kvinde og i det sidste boede en yngre kvinde med to børn på 6 og 11 år.

I slutningen af 1870-erne var huset blevet så umoderne og i så dårlig stand, at det blev kasseret af amtets tilsyn, og Grønbæk-Svostrup Kommune fik tre års henstand med at opføre et nyt. I stedet for at bygge et nyt fattighus, besluttede man sig for at anskaffe en fattiggård.

Kommunen solgte i 1881 fattighuset til husmand Henrik Henriksen (1822-!889), som imidlertid solgte det igen allerede i 1882. Ejendommen blev handlet to gange mere, inden den i 1885 blev købt af kromanden i Svostrup, Anders Jensen (1818-1893). Bygningen blev raget ned, og grunden blev i en lang årrække brugt til nattegræsning af kroens køer. Der bliver ikke længere drevet landbrug på kroen, men den gamle fattighusgrund hører stadig til ejendommen.

Grauballe Fattiggård

I 1847 købte Niels Henriksen (1812-efter 1883) fra Hvejsel sogn to husmandssteder på Grauballe Hede (matrikel nr. 2d og 11b) og byggede Grauballe Vestergård sydvest for Grauballe by, ikke langt fra skellet til Lemming sogn. Beliggenheden har sikkert været en af grundene til, at det netop var den gård kommunen ca. 30 år senere købte til fattiggård; det var lidt udenfor lands lov og ret, så "ordentlige" mennesker ikke skulle have fattiglemmerne rendende rundt lige udenfor døren. Gården lå også i nogenlunde god afstand til nærmeste kro, så fattiglemmerne ikke havde så nem adgang til brændevin og lignende, der uden tvivl var årsag til en del af deres problemer med at forsørge sig selv. Børnene på fattiggården måtte trave fire kilometer til skolen i Svostrup i al slags vejr, men det var der mange børn, som måtte gøre dengang.

I 1854 giftede Niels Henriksen sig med pigen Bodil Marie Sørensdatter (1825-1880) fra Funder, og gennem mange års hårdt arbejde skabte de en gård i god drift på heden udenfor Grauballe. De fik ingen børn, men havde adskillige plejebørn boende gennem årene. Blandt plejebørnene var skilsmissebarnet Anders Kristian Nielsen fra Kragelund. Ham kommer vi tilbage til, for han kom til at tilbringe en stor del af sit liv på Grauballe Vestergård.

Niels Henriksen solgte i 1876 gården til proprietær Peter Laurids Alfred Lindemann (1829-efter 1913), men stykkede inden salget et stykke jord fra (matrikel nr. 2g-11g), hvor der blev bygget en lille ejendom til plejesønnen Anders Kristian Nielsen. Niels Henriksen og Bodil Marie Sørensdatter købte efterfølgende en gård i Løgager i Them sogn.

Billede 6: Hestestalden på Grauballe Vestergård.
Før fattiggårdens tid lå stuehuset her.
(Foto: Dorte Frandsen 2012)

Propritær Lindemann var en driftig mand med mod på livet og nye udfordringer. Op gennem sidste halvdel af 1800-tallet købte og solgte han adskillige ejendomme i Jylland. Han var gift to gange og fik i alt 15 børn, hvoraf dog kun en enkelt, sønnen Harald, blev født i den korte periode, hvor familien boede på Grauballe Vestergård. Efter hans anden hustrus død i 1908, emigrerede den næsten 80-årige Peter Lindemann til Amerika, hvor han døde engang efter 1913. Han ejede kun Grauballe Vestergård i en kort årrække; allerede i 1880 solgte Lindemann gården til Grønbæk-Svostrup kommune, som indrettede den til fattiggård; bl.a. byggede kommunen et nyt og større stuehus, der kunne rumme de ca. 30 personer fattiggården skulle kunne optage. Der blev hurtigt brug for pladsen, for allerede ni måneder efter fattiggårdens start var der 26 beboere.

I de følgende 27 år blev Grauballe Fattiggård hjem for mange af samfundets svageste i kortere eller længere tid. For nogle blev det deres første hjem i livet, for andre blev det det sidste. I slutningen af 1800-tallet skete der en ændring i samfundets holdning til de borgere, som ikke kunne klare sig selv, og nye love på det sociale område gjorde Grauballe Fattiggård overflødig. Der var dog stadig nogle få beboere tilbage på gården, som kommunen måtte finde husly og pleje til. Løsningen blev Svostrup Asyl, som blev indrettet i den gamle skolebygning i Svostrup. Fattiggården blev solgt for 40.300 kr til Peder Jørgen Jensen, som kom fra Allerslev sogn i Præstø amt, og navnet Grauballe Vestergård kom i brug igen.

Svostrup Asyl

Den første skole i Svostrup blev oprettet af Christian Danielsen Fischer på Allinggård i 1741. I den forbindelse skrev samme Christian Fischer et brev til præsten i Grønbæk og Svostrup sogne, Niels Hurtigkarl (1700-1766), som bl.a. minutiøst beskrev skoleholderens løn, og hvad der skulle svares i skolehold af sognets beboere. Skolen var dog ikke kun for dem, der kunne betale. Både degnen i Grønbæk og skoleholderen i Svostrup skulle *"forpligtes at antage til Skoele hver i sit Sogn fattige og Unge, smaa og store, og dennem uden anden Slags Veederlag eller Udgift at besværge med ald flid og troskab efter dend allernaadigste udgifne Instruktion i Børnelærdommen, skriven og reigning underviser"*, som der står i brevet.

Billede 7: Øverst til venstre Svostrup Asyl, lige overfor, mellem kirken og Annexgården lå den første skole i Svostrup (Foto: Lokalhistorisk Arkiv for tidligere Gjern Kommune)

Skolen blev bygget lige syd for kirken og fungerede i over 100 år, indtil man, i 1858, opførte en ny skole lige overfor den gamle, som efterhånden var for lille og samtidig dårligt beliggende, klemt inde som den var mellem kirken og Annexgården. Allerede da den nye skole blev bygget, var der folk i sognet, som mente, at skolen skulle flyttes til Grauballe, men der skulle gå næsten 50 år inden det skete i 1906, efter pålæg fra Undervisningsministeriet. Da den nye skolebygning stod færdig i 1858, flyttede læreren, Gregers Andersen (1816-1891), over på den anden side af vejen. Gregers Andersen havde overtaget lærerstillingen i Svostrup 1844, efter at den forrige lærer, Frands Pedersen Heigaard (1790-1844), havde begået selvmord ved at han *"hængte sig i sin Seng, som almindelig formenes formedelst huslig uenighed"*, som der står i kirkebogen. Hvordan børnene oplevede Gregers Andersen som lærer er ikke til at vide, men ved en visitats i 1848 skrev biskop Wulf følgende:

"Ved den i Svostrup Skole den 2/12 1848 afholdte visitats overbeviste jeg mig med glæde om den nidærhed og varme, hvormed den duelige lærer, Hr. Andersen, varetager sin vigtige gjerning. Skolen fandtes i det hele i meget god Stand."

I 1859 døde Gregers Andersens søn, Anders, 21 år gammel. Måske var det denne triste begivenhed, som gjorde, at Gregers året efter flyttede fra Svostrup og blev lærer i Bøgeskov i Astrup sogn.

I årene fra 1860 til 1881 havde Svostrup Skole fem-seks forskellige lærere. En lille landsbyskole havde nok ikke den store tiltrækningskraft på lærerne, men i 1881 blev Morten Larsen (1852-1914) ansat, og han blev i embedet til sin død 33 år senere og flyttede med skolen til Grauballe i 1906.

Billede 8: Svostrup Asyl
(Foto: Lokalhistorisk Arkiv for tidligere Gjern Kommune)

Bygningen af den nye skole i Grauballe faldt sammen med at belægningen på Grauballe Fattiggård var blevet betydelig lavere som følge af, at der, som tidligere nævnt, var kommet en del ny lovgivning på det sociale område. Sognerådet besluttede at sælge fattiggården og indrette den gamle skolebygning i Svostrup til hjem for de få personer, der var tilbage på fattiggården; nemlig tre retarderede kvinder på 40, 42 og 51 år, en enlig mand på 71 år og tre enlige kvinder på 63, 83 og 89 år. De følgende år kom nogle få faste beboere til, størstedelen var gamle og plejekrævende. Den sidste af dem døde i 1915.

Dagligdagen for beboerne på asylet har formodentlig mest bestået af husligt arbejde og måske havearbejde for dem, som havde kræfter til at deltage. Ind imellem kom der "gæster", som blev i korte perioder, eller syge fra lokalområdet, som fik pleje og lægehjælp, til de kunne klare sig selv igen. Dagbogen fra asylet fortæller hovedsageligt om ankomst og afgang, død og begravelse. Beboerne var ikke længere bundet til stedet, men kunne forlade det når de ville, hvis de ellers havde et sted at tage hen. Fra 1915 til 1921 var der kun få, hovedsagelig mænd, som opholdt sig i korte perioder på asylet, og den 25. april 1921 rejste den sidste, som er registreret i lemmebogen. I sognerådets forhandlingsprotokol kan man efter 1921 stadig finde personer nævnt, som opholdt sig på asylet. De fleste var folk på gennerejse, men asylet fungerede samtidig som husvildebolig for sognets beboere, til man havde fundet en passende indkvartering. Asylet kunne dog ikke helt dække Svostrup Kommunes behov for at skaffe husly til fattige og syge, så i 1929 fik kommunen indlæggelsesret på Silkeborg Fattiggård, som på daværende tidspunkt havde til huse på Frydensbjerggård, der lå på Aarhusbakken.

Billede 9: Skovhuset, hvor de sidste beboere fra asylet blev genhuset
(Foto: Lokalhistorisk Arkiv for tidligere Gjern Kommune)

I januar 1935 besluttede sognerådet at udbyde asylet til salg. Anders Christian Danielsen (1865-1947) fra Borup bød 8000 kr og overtog efterfølgende ejendommen uden besætning og redskaber, en mindre del af grunden blev dog stykket fra til parkeringsplads for Svostrup Kirke. En lille del af det resterende inventar fra asylet blev solgt til en kone i Svostrup, noget blev givet til trængende familier, og resten blev læsset på en trillebør og kørt de ca. 1,5 km hen af Allinggårdsvej til Skovhuset, hvor de sidste beboere blev indkvarteret.

Fattiglemmer i udbud

Som nævnt i indledningen udtingede man tidligere en del af de fattige blandt sognets beboere, mens andre fik husly i fattighuset. I fattigvæsenets forhandlingsprotokoller, fra tiden før fattiggården blev oprettet, kan man finde listerne over fattiglemmer og plejebørn, som blev udtinget, samt hvilken "pris" der blev sat på dem. I Grønbæk-Svostrup Kommune foregik udtingningen i Grønbæk Skole en af de sidste dage i december. Tid og sted blev på forhånd bekendtgjort efter gudstjenesterne i begge kommunens kirker, så alle havde mulighed for at møde op og "byde på" et fattiglem:

"Det bekjendtgjøres hermed, at Løverdagen den 27de dennes om formiddagen Kl 10 foretages i Grønbæk Skole

1. Udtingning af de Fattige der ikke er istand til selv at forskaffe sig Huusly, Føde og Klæde, samt Pleie.

2. Bortakkordering af Brevbæring med Videre for Grønbæk og Svostrup Sogne.

Grønbæk og Svostrup Sogne, Riis den 18. December1873

Paa Sogneraadets Vegne,P. Pedersen"

Billede 10: Den gamle skole i Grønbæk
(Foto: Lokalhistorisk Arkiv for tidligere Gjern Kommune)

Bekendtgørelsen leder næsten tanken hen på en auktion, men, som man kan læse herunder, stillede sognerådet dog visse betingelser til dem, der ville have en fattig i pleje, og man forbeholdt sig retten til at vælge mellem tilbudene.

"Aar 1878 Mandagen den 30. Decbr. var Sogneraadet forsamlet i Grønbæk Skole for efter forudstedt Bekjendtgjørelse ved begge Kommunens Kirker at udtinge fattige, som behøve Huusly, Føde og Klæde samt Pleie m.m. paa følgende Betingelser:

1. Den som indtager en Fattig i Huset til sig er forpligtet til for akoderede Betaling at sørge for

den Fattiges forsvarlige Underholdning med Klæder i Et og Alt, saavel som for deres Vask og Reenlighed; samt at yde al mulig Hjælp i Sygdoms Tilfælde, hvorimod Lægehjælp og Medicin betales af Fattigvæsenet naar vedkommende har henvendt sig til Fattigvæsenet og det saa finder samme nødvendig og holder sig Fattigvæsenets derom tagen Bestemmelse efterrettelig og Modtageren af de Fattige boer her i Kommunen. Har Modtageren der imod Bopæl udenfor Kommunen, maa den selv afholde Udgifterne til Læge og Medicin, som alligevel ikke maa savnes under den Fattiges Sygdom.
2. Den saaledes Udtingede er Modtageren forpligtet til at afhente paa sit nuværende Opholdssted den 2. Januar 1879 og beholde samme til 2. Januar 1880, for den akoderede Betaling, hvorimod Sogneraadet er berettiget til at hæve Overenskomsten, naar det fornemmes at Modtageren ikke opfylder alle sine Forpligtelser mod den Fattige Ligesom Sogneraadet er berettiget til at afkorte saa meget af den tilgodehavende Betaling, som det finder passende i forhold til hvad Modtageren ikke har opfyldt af sine Forpligtelser.
3. De der modtager Fattige Børn er forpligtet til at sørge for deres Undervisning Hjemme, samt at holde disse til stadig Skolegang forsaavidt at Børnene er i en saadan Alder at saadant fordres.
4. Betalingen erlægges efter Udgangen af hver Kvartal paa de Dage og Steder der efter Bekjendtgjørelse ere bestemte til Modtagelse af Kommunepenge.
5. Sogneraadet forbeholder sig Ret til at vælge mellem de forskjellige Tilbud."
Man kan jo så håbe på, at sognerådet også tog lidt hensyn, så fattiglemmerne ikke blev flyttet mere rundt end højest nødvendigt, og at det ikke altid bare var den lavest bydende, som fik et forældreløst barn eller et sygt fattiglem at tage vare på.

Når betingelserne var oplæst startede udtingningen. Præcis hvordan det foregik, har jeg ikke kunnet finde en beskrivelse af, men det må jo have været en slags auktion, hvor hvert fattiglem blev nævnt ved navn, så sognets beboere kunne byde ind med det beløb, de ville tage vedkommende i pleje for. I 1878 blev følgende personer udtinget i pleje:
1. *Bangs Enke og søn 13 Aar forbliver hos Gaardejer Ole Nielsen, Borup, for en Betaling af 650 Kr fra 3. Decbr. d. A. til 13. Decbr. 1879, der forventes at Enkens Svoger, Kjøbmand B. Balle, Randers, vil tilstede Kommunens Kasse i det Aar 500 Kr.*
2. Ane Mogensdatter, 61 Aar, næsten blind, hos Jens Chr. Thomsen, Naderup, for en Betaling af 118 Kr.
3. Niels Seiersens Enke, 70 Aar, hos Søren Nielsen, Grølsted, for en Betaling af 110 Kr for et Aar.
4. Kresten Hansen, 28 Aar, døvstum, hos Niels Jørgensen, Iller, uden Betaling.
5. Jens Peter Jensen, 43 Aar, Idiot, hos Jørgen Peter Nielsen, Stjærkjær, for en Betaling af 80 Kr for et Aar.
6. Kristian Bæk, 53 Aar, hos Walsted i Allingmølle for en Betaling af 115 Kr for et Aar.
7. Anders Christensen Just, 50 Aar, hos Anders Sørensen, Roe, for en Betaling af 115 Kr for et Aar.
8. Rasmus Thomsen Riis hos A. Sjørslev til 1. Maj 1879 for en Betaling 23 Kr og 33 Øre, fra 1.

Maj til 2. Januar 1880 hos A. Sjørslev, Frausing, for en Betaling af 75 Kr og 10 Kr og 50 Ø.
9. Jens Christen(sen) Ry forbliver hos Søn Anders Jensen, Høibjerg, i følg. Akordt i dens Livstiid for 24 Kr, 1 Td: 4 Skj Rug, 1 Td: 4 Skj Byg og for Tørv 16 Kr.
10. Kresten Pedersen Vest, 74 Aar, hos Jørgen Christensen, Iller, for en Betaling af 120 Kr for et Aar.
11. Jens Hørups Enkes Datter, Dusine Jensen, 14 Aar til 1. Mai for en Betaling af 16 Kr hos Jens Hansen, Tulstrup.
12. Johanne Marie Hansens Datter, Hanssine Annine Pedersen, 13 Aar, hos Chr. Andersen i Grauballe for en Betaling af 60 Kr til 1. Novbr. 1879.
13. Sammes Barn, Ane Marie Sørensen, 7 Aar, hos Søren Sørensen i Grønbæk for en Betaling af 70 Kr for 1 Aar.
14. Sammes Barn, Mette Kjerstine Sørensen, 6 Aar, hos A. Jensen, Iller, for en Betaling af 50 Kr for et Aar.
15. Mette Kathrine Jensen(s) Datter, Mette Marie Sørensen, 12 Aar, hos Johan Roersen i Hvorslev for en Betaling af 40 Kr for 1 Aar.
16. Simon Kraghs Datter, Marie Florentine Kragh, 13 Aar, hos Christian Christensen, Ans, for en Betaling af 60 Kr til 1. Mai 1880.
17. Niels Christian Christensens Datter, Kathrine Ellen Marie Nielsen, 11 Aar, hos Mads Rasmussen, Roe, for en Betaling af 40 Kr for et Aar.
18. Peder Hvads Datters Barn, Christian Pedersen, 4 Aar, hos Anders Jensen, Iller, for en Betaling af 65 Kr for 1 Aar.
19. Martinus Christensen, Grønbæk, 12 Aar, hos Thomas Nielsen, Iller, for en Betaling af 32 Kr for 1 Aar.
20. Jens Peder(sen) Andersen Dyhr, 34 Aar, ingen vilde modtage ham.
21. Niels Christian Christensens Søn, Rasmus Nielsen, 16 Aar, forbliver i Skrædderlære, ifølge oprettet Kontrakt, hos Skrædder Peder Christian Nielsen, Naderup, for 20 Kr i Aaret som er det Fjerd og sidst Læreaar.
22. Anders Peter Laursen, 10 Aar, kom til Jens Chr. Andersen, Grauballe, for en Betaling 40 Kr for et Aar.
Ved udtingningen i december 1878 var der fem fattiglemmer, som fik nyt opholdssted, heraf to børn, de øvrige blev boende samme sted som året før. En enkelt (nr. 20) ville ingen have, så han kom i pleje hos sognerådsformanden.

Som man kan se af "priserne", var der forskel på folk, selvom de var under fattigvæsenet. Købmandsenken, Charlotte Marie Bang (nr. 1), havde penge med fra sin mands familie, så hendes underhold var betydeligt højere end de øvrige fattiglemmers. Man kan undre sig over, hvorfor hun overhovedet blev udtinget som fattiglem, da de 500 kr fra hendes svoger burde være nok til at forsørge både hende og sønnen, men hun har måske haft et handicap, som gjorde, at hun ikke kunne klare sig selv.

Ud over udtingningen af fattiglemmer og forældreløse børn, blev der også uddelt hjælp til de fattige, som stadig havde foden under eget bord. Nogle fik fattighjælp, men samtidig uddeltes en række legater, som Grønbæk-Svostrup Kommune administrerede.

1. *Grauballes Enke, Ans, med 3 Børn, 3 Td Rug – 2 Td Byg, Huusleie og 8000 Stk Tørv og 64 Kr.*
2. *Rasmus Christiansen Smed, Ans, 3 Td Rug, 1 Td Byg, Huus Leie og 6000 Stk Tørv og 26 Kr.*
3. *Marie Bigums, Ans, 16 Kr af den store Stiftelse, Huuslei og 7000 Stk Tørv, 24 Kr.*
4. *Ole Hansen Svensker, Ans, Huuslei og 6000 Stk Tørv og 60 Kr.*
5. *Jens Boes Kone med 6 Børn, Huuslei og 8000 Stk Tørv, 4 Td, 4 Skj Rug, 2 Td Byg, 72 Kr.*
6. *Jens Ungstrups Enke og 3 Børn, Huuslei og Tørv, 120 Kr-*
7. *Peder Hvads Enke med 1 Barn, Huuslei og 5000 Stk Tørv og 100 Kr.*
8. *Maren Ditlevs, Svostrup, 5000 Stk Tørv og 12 Kr.*
9. *Inger Hørups, Huuslei og 5000 Stk og 12 Kr.*
10. *Peder Hansen, Allingskovgaards Mark, 8 Kr af den store Stiftelse og Huuslei.*
11. *Søren Christen(sen) Nebel, 24 Kr af den store Stiftelse, 12 Kr 16 Ør af den mindre Stiftelse og 12 Kr af Hurtikals Legat.*
12. *Rasmus Jensens Enke, Allingskovgaards Mark, 24 Kr af den store og 24 Kr af den mindre Stiftelse.*
13. *Dorthe Nielsdatter, Svostrup, 16 Kr af den store Stiftelse, 8 Kr af den mindre Stiftelse og 16 Kr af Vendelboes Legat.*
14. *Maren Nielsdatter, Asmindegaarde, 8 Kr af den store Stiftelse 6 af den mindre Stiftelse.*
15. *Søren Sørensens Enke, Borup, 10 Kr af den store Stiftelse.*
16. *Ane Pedersdatter, Borup, 8 Kr af Hurtikals Legat.*
17. *Maren Andersdatter, Borup, 16 Kr af den store Stiftelse.*
18. *Peter Severinsens enke, Borup, 8 Kr af den store Stiftelse og 6 Kr af den mindre.*
19. *Peter Christensen, Borup, 24 Kr af den store stiftelse og 4 Kr af Hurtikals Legat.*
20. *Jens Nielsen, Iller, 16 Kr af Finderups Legat og 8 Kr af den mindre Stiftelse og 8 Kr af Hurtikals Legat.*
21. *Maren Sørensdatter, Iller Huuse, 16 Kr af Finderups Legat, 8 Kr af den mindre Stiftelse.*
22. *Ane Nikolaisdatter, Iller, 8 Kr af den store Stiftelse.*
23. *Niels Bai, Illerhede, 24 Kr af den store Stiftelse.*
24. *Ane Johansen, Grønbækhuse, 8 Kr af den store Stiftelse.*
25. *Ane Olesdatter, Grønbæk, 24 Kr af den store Stiftelse.*
26. *Thomas Kramer, Grønbæk, 12 Kr af den store Stiftelse.*
27. *Peter Skyttes Enke, Grønbæk, 16 Kr af den store Stiftelse.*
28. *Christen Nikolaisens Enke, Illerhuse, 8 Kr af den store Stiftelse.*
29. *Peter Chr. Jacobsens Enke, Roe, 16 Kr af Finderups Legat og 12 Kr af den store Stiftelse.*
30. *Else Jensdatter, Illerhuse, 8 Kr af den store Stiftelse.*
31. *Niels P. Hansen, Iller Mark, 16 Kr af Finderups Legat.*

32. Peter Nedergaards Enke, Grønbæk, 16 Kr af Finderups Legat.

Med etableringen af fattiggården slap fattiglemmerne for at blive sat på ”auktion” en gang om året, men deres situation blev ikke mindre synlig for omgivelserne. De blev, om muligt, endnu mere marginaliserede i forhold til det øvrige samfund, og deres personlige frihed betydeligt indskrænket. Den årlige uddeling af fattighjælp fortsatte, men blev nu foretaget i forbindelse med et almindeligt sognerådsmøde.

Den nødvendige fattiggård

Der er desværre ikke bevaret nogen forhandlingsprotokol for Grønbæk-Svostrup Sogneråd for årene 1879 til 1884, men heldigvis findes der en avisartikel, som giver et billede af sognerådets bevæggrunde for at etablere fattiggården i Grauballe. Den 5. september 1879 kunne man læse følgende i Silkeborg Avis:

"Saa har da Grønbæk-Svostrup Sogne nu ogsaa, ligesom andre omliggende Kommuner, faaet sig en Fattiggaard anskaffet, idet der hertil er kjøbt den Hr. Proprietair Lindemann tilhørende "Grauballe Vestergaard", sydvest i Svostrup sogn. Gaarden har gode Bygninger foruden en Vindmølle til eget brug og et Tilliggende af 86 Tdr. Land i meget god Drift, med kun lidt over 2½ Skpr. Hartkorn, da Arealet er opdyrket Hedejord, og i Kjøbet medfølger fuld Besætning samt det fornødne Føde- og Sædekorn. Kjøbesummen er 42.600 Kroner og Modtagelsen skeer til 1ste April næste Aar. Det var ikke den Grund, at det næsten er bleven en Modesag at have Fattiggaarde, der bevægede Sogneraadet til at kjøbe nævnte Gaard, men en tvingende Nødvendighed, som fordrede dette under de for Tiden stillede mindre lyse Fremtids-Udsigter."

Herefter følger en redegørelse for befolkningstilvækst og erhverv i Grønbæk og Svostrup sogne op gennem 1800-tallet, og hvilke udefra kommende faktorer, som havde skabt behovet for en fattiggård. Fattiglovgivningen[3] var sandsynligvis også medvirkende til at sognerådet oprettede fattiggården og ikke nøjedes med at bygge et nyt fattighus.

Grundlæggende havde man forsørgelsesret i den kommune, hvor man var født, med mindre man havde opnået forsørgelsesret et andet sted ved at bo der i fem år uden at modtage hjælp fra fattigvæsenet. Derudover var der en mængde andre regler bl.a. om ægteskab, børn m.m.
Erhvervsudviklingen i Grønbæk-Svostrup midt i 1800-tallet resulterede i, at en hel del arbejdere fra andre kommuner opnåede forsørgelsesret i Grønbæk-Svostrup, så da arbejdsløsheden steg, stod man altså med adskillige familier udefra, som sandsynligvis belastede fattigvæsenet mere end den del af befolkningen, som var født i kommunen og dermed havde et familienetværk at trække på. En fattiggård kunne spare kommunen for mange penge til husleje- og brændselshjælp og vel også en del af udgifterne til plejebørn. Men nu må jeg ikke tillægge Grønbæk-Svostrup sogneråd skumle bagtanker om at ville spare på forsørgelsen af kommunens svageste borgere, så vi skal lige have slutningen af avisartiklen med:

"At Sogneraadet i denne for Kommunen saa vigtige Sag har viist Dygtighed og Omsigt ved Anskaffelsen af denne Gaard, fortjener vist tilfulde Paaskjønnelse af Kommunens Beboere. Og da de Fattige der hidtil have nydt en sjelden god Forsørgelse ved at indtinges ved Familier i Sognene, saa haabes ogsaa, at deres fremtidige Ophold og Forplejning paa Fattiggaarden ikke blive et Tvangs- og Skræmmested, men et godt, roligt og hyggeligt Hjem for Gamle og Svage som for de umyndige Børn. Vel ligger Gaarden meget fjernt og afsides og der er anket paa, at de Fattige bleve saa meget fjernede fra Guds Hus, men herpaa er givet det Tilsvar: "Ønsker en Fattig og Svagelig at komme til Kirke, skal der med Redebonhed strax blive givet Befordring med Heste og Vogn", ligesom det ogsaa med Sikkerhed kan ventes at Sogneraadet under disse Omstændigheder

med sædvanlig Omhu vil drage Omsorg for Børnenes tilbørlige Skoleunderviisning."
Det kunne være spændende at vide, hvem forfatteren til artiklen var; sandsynligvis et medlem af sognerådet.

I forhandlingsprotokollerne fra Grønbæk-Svostrup sogneråd nævnes ikke noget om fattiggårdens økonomi, men et kig på de regnskaber, som er bevaret, viser at fattiggården generelt var en underskudsforretning, der de fleste år måtte have en økonomisk indsprøjtning fra kommunekassen. I regnskaberne er alle udgifter og indtægter noteret i den rækkefølge de dukkede op, så man kan ikke umiddelbart overskue økonomien i landbruget alene. Indtægterne kom hovedsagelig fra salg af gårdens produkter; mælk, kød, skind, uld osv, og der ud over betaling for kost og pleje af fattiglemmer fra andre kommuner, som blev afregnet efter fast takst pr. dag, som eksemplet herunder viser:

"Grønbæk-Svostrup Sogneråd, d. 17. Marts 1892
I Anledning af Stiftsamtets Skr. Af 7. ds. angående Forslag til Fastsættelse af en Betalings-takst for andet Steds Forsørgelsesberettigede der måtte indlægges på Kommunens Fattiggård undlader man ikke at meddele at Sognerådet i sit Møde d. 15. ds. Vedtog at indstille til Amtsrådets Stadfæstelse en Betalingstakst for Børn på 7 År og der under til 35 Øre daglig og for andre Personer 50 Øre daglig, saledes at der (?) i Sygdoms Tilfælde kan beregnes Medicin efter Regning og Udgift til lejet Vagthold efter Lægens Ordination ligeledes efter Regning, når Vagtholdet ikke har været udført af nogen af de på Fattiggården værende Individer"
Under fattiggårdens sidste bestyrer, Anders Kristian Nielsen, var der dog overskud en del af tiden, men eftersom gården først begyndte at give overskud efterhånden som antallet af fattiglemmer faldt, må konklusionen vel være, at gårdens afkast mageligt kunne forsørge en almindelig familie, men bedriften var ikke stor nok til at dække udgifterne til kost, beklædning, lægehjælp, medicin osv til 30-40 personer. Når man regner lidt på, hvad det ville have kostet at yde støtte til husleje, brændsel, pleje osv. til fattiglemmerne udenfor fattiggården, endte det efter alt at dømme alligevel op med en lavere udgift for kommunen til fattigforsørgelse, så fattiggården var sandsynligvis en økonomisk succes.

Fattiggårdens start

Den 1. april 1880 mødte den første bestyrer, Frands Christian Laursen, sammen med en karl og en pige op på den nyoprettede fattiggård og "*forrettede det daglige arbejde*", som der står i fattiggårdens dagbog. Arbejdet bestod for en stor dels vedkommende i at dyrke gårdens 86 tdr. land og passe besætningen, som 1. april 1880 bestod af fire heste, 11 køer, tre kvier, en kalv, to tyre, tre stude, ni får, en vædder og tre svin. For bestyrerens hustru bestod arbejdet i at forestå den daglige husførelse, sørge for pasning og opdragelse af børnene og plejen af de syge og gamle beboere.

Det første fattiglem mødte også op; det var den knap 14-årige Jensine Pedersen, som indtil da havde boet i Borup i Svostrup sogn sammen med sin mor, Kirstine Marie Jensdatter, der levede af fattighjælp. Jensine medbragte ifølge lemmebogen tre sæt gangklæder og "*Det indvendige Under-*

beklædnings Gjenstande" til en samlet værdi af 40 kr. De næste par dage fik Jensine selskab af endnu tre fattiglemmer; den 12-årige Martinus Christensen fra Grønbæk og to ældre mænd.

I løbet af maj og juni 1880 blev to ældre ægtepar, en enlig mand og syv børn indskrevet. Det nye stuehus var endnu ikke færdigt, så der må have været trængsel i det gamle med syv voksne fattiglemmer, ni børn, en karl, en pige og bestyrerens familie oveni. I inventarlisten kan man læse, at der i starten kun var to gryder og en pande i fattiggårdens køkken. At lave mad til så mange mennesker med så få redskaber må have været lidt af et kunststykke. Ud fra inventarlisten ser det dog ud til at lemmerne spiste af hver sin tallerken og ikke et fælles fad, som det ellers var ganske almindeligt at man gjorde dengang, specielt på landet. På det punkt var Grauballe Fattiggård fremme i skoene, da f.eks. Silkeborg Fattiggård stadig brugte fælles fade på den tid.

Billede 11: Det "nye" stuehus på Grauballe Fattiggård
(Foto: Dorte Frandsen 2012)

Den 2. juli 1880 flyttede fattiglemmerne ind i det nye stuehus. Samme dag ankom yderligere seks fattiglemmer og i løbet af efteråret kom endnu fire lemmer, således at der den 31. december 1880 var i alt 26 indskrevne; 13 mænd, fem kvinder og otte børn under 14 år.

Dagligdagen på fattiggården

Dagligdagen på fattiggården var først og fremmest underlagt de vedtægter (bilag 1), som sognerådet havde opsat. Fattiglemmerne skulle stå op og gå i seng til bestemte tider, de skulle udføre det arbejde, bestyrerparret pålagde dem, uden at kny og i det hele taget opføre sig ordentligt. De måtte ikke forlade gården uden tilladelse, og de måtte heller ikke få besøg uden at bestyreren havde givet lov. Hvis de overtrådte reglementet kunne bestyreren sætte dem til afkøling i fattiggårdens arrest, og ved gentagne overtrædelser kunne sognerådet sende dem på tvangsarbejdsanstalt i en periode.

I sommerperioden (1. april til 1. oktober) serveredes davren[4] kl 6 om morgenen, i vinterperioden kl 8. Måltidet bestod af kogt mælk og brød, eller øllebrød med smørrebrød eller ost til, eller salt sild, *"alt efter egnens skik"*, som der står i vedtægterne. Middagsmåltidet blev serveret kl 12 og kunne bestå af hvidkålssuppe eller sødsuppe med kød eller flæsk, vælling med stegt flæsk, øllebrød med pandekage eller fisk, kål eller ærter med kogt kød eller flæsk, kartofler med dypelse og flæsk eller fisk eller grød med stuvede kartofler. Bestyrerinden bestemte menuen, men skulle sørge for, at den var afvekslende. Nadveren[5] serveredes kl 20 om sommeren og kl 17 om vinteren og bestod af grød med mælk. I sommerperioden, hvor der var mest fysisk arbejde, blev der desuden serveret mellemmader kl 9 og kl 17. Ved alle måltider skulle gives tilstrækkelig brød og øl eller mælk at drikke.

Fattiggårdens dagbog giver et mere nuanceret billede af fattiglemmernes dagligdag på gården. Den giver også et lille indblik i det liv fattiglemmerne havde udenfor fattiggården, og de begivenheder som bragte dem i berøring med fattigvæsenet. Den første bestyrer, Frands Christian Laursen, beskrev minutiøst det daglige arbejde på gården, dog hovedsageligt den del af arbejdet, som angik gårdens daglige drift og ikke så meget husarbejdet.

En typisk uge i august 1880 så sådan ud:

15. *Ole Hansen passede Kreaturerne, de andre havde Frihed.*

16. Bestyren, Karlen, 1 Dagleier, Rasmus Smed, Anders Gregersen kjørte Rug hjem, Christian Bek i Haven, Ole Hansen passede Kreaturerne, de andre indvendig Arbeide.

17. Bestyren, Karlen, 1 Dagleier, Anders Gregersen, Rasmus Smed og 2 Drenge kjørte Rug hjem, Christian Bek i Haven, Ole Hansen passede Kreaturerne, de andre indvendig Arbeide.

18. Bestyren, Karlen, Pigen og 1 Kone høstet Havre, Christian Bek i Haven, Ole Hansen passede Kreaturerne, de andre indvendig Arbeide.

19. Bestyren, Karlen, en Dagleier, Pigen, en Kone, 2 Drenge, Anders Gegersen høstet Havre, Christian Bek i Haven. Ole Hansen passede Kreaturerne, de andre indvendig Arbeide.

20. Bestyren, Karlen, en Dagleier, Pigen, 2 Drenge, Anders Gregersen, Rasmus Smed høstet Havre, Christian Bek i Haven, Ole Hansen passede Kreaturerne, de andre indvendig Arbeide.

21. Bestyren i Silkeborg om Formiddagen, Karlen og 1 Dagleier kjørt Gruus og Thennotigræs hjem. Om Eftermiddagen høstede Bestyren, Karlen, 1 Dagleier, 2 Drenge, Anders Gregersen Byg, Rasmus Smed Frihed, Fruentimmerne vaskede Klæder, Ole Hansen passede Kreaturerne, Christian Bek i Haven, de andre indvendig Arbeide.

22. Bestyren passede Kreaturerne, Ole Hansen gaaet bort uden Tilladelse, de andre Frihed.

Dagligdagen på en almindelig gård har formodentlig set nogenlunde ligesådan ud på den tid.

I august 1883, da Christen Andersen Sjørslev var bestyrer, ser dagbogen noget anderledes ud:

4. *Jens Peder Simonsens Kone, Inger Johanne Nielsen, opført sig meget usømmeligt.*

7. Jens Peder Simonsens Kone, Inge Johanne Nielsen, udvist Trossighed og negtet at udføre Arbeide Hentet Lege til Anders Gregersen for en daarlig Been.

8. Jens Peder Simonsens Kone, Inge Johanne Nielsen, forlod Fattiggaarden uden tilladelse.
10. Jens Peder Simonsens Kone, Inge Johanne Nielsen, ankommen til Fattiggaarden efter ulovlig bortgang af 8de dennes, Kl 11½ Natten. Jens Peder Simonsens Kone, Inge Johanne Nielsen, indsat i Arest fra Kl 6½ Maargen til Kl 9 Aften.
11. Mikkel Nielsen A. ankommen til Fattiggaarden fra Sygestuen.
26. Jens Peder Simonsen var i beruset Tilstand.
27. Jens Peder Simonsen var i beruset Tilstand og tillige udtilbørlig i Tale og tillige begjorte et Kammer i Aresten.

Christen Andersen Sjørslev omtalte hovedsageligt problemer med fattiglemmerne, og dem ser der ud til at have været en del af i hans korte periode som bestyrer.

De næste to bestyrere, Mads Christian Christensen og Anders Kristian Nielsen, skrev også om fattiglemmernes meriter, men mest om deres sygdom, ankomst og afgang fra gården, fødsel og død. I perioder er der ikke ret mange notater i dagbogen, men daglidagen har sikkert under alle bestyrerne lignet den, som Frands Christian Laursen beskrev så samvittighedsfuldt.

Der er bevaret to breve fra bestyrer Anders Kristian Nielsen til sognerådsformanden Jens Peder Jensen, som, sammen med dagbogen, giver et indtryk af livet på fattiggården i de sidste år:
(for at lette læsningen har jeg indsat kommaer i brevet)

"Grauballe Fattiggaard den 26/3 1904

Gode Jens P Jensen

P. Viborg har jeg inu ikke hørt noget fra, men saa snart jeg hører eller seer ham, skal jeg nok lade Dig det Vide. Karl Ivar Jensen Quie ankom hertil den 5 Marts, og jeg Reiste med ham til Aarhus den 1 Marts, og Reiseudgift

3 Biletter	*4 Kr 20 Ør*
Tilsæt	*2 - 20 -*
Drikepenge i Silkeborg	*" - 60 -*
I aldt	*7 Kr " Ør*
en Par Fransk Træsko	*2 Kr 10 Ør*

Dermed er hans Regning

Anders Larsens Kone, Mariane, kom her den 21 Januar og Reiste den 31 Januar, ellers fik hun indtet andet. Møllersvend Søren Esper Sørensen Reiste fra Møller Lund den 21 Marts, og nu gaar han her paa Gaarden, men efter Paaske siger han, at han skal til Salten Mølle og have 30 Kr om Maaneden og saa lære at Være Savskjærer, ellers aldt Ved det gamle

Venlig Hilsen Anders Kristian Nielsen, Bestyrer"

Søren Esper Sørensen var en "stabil gæst" på fattiggården i perioden fra 1901 til 1908. Han var formodentlig lettere retarderet eller psykisk syg, for han far prøvede forgæves at få ham tvangsindlagt på en sindssygeanstalt i 1901. Ud fra det ovenstående brevs ordlyd tyder det ikke på, at Anders Kristian Nielsen helt troede på historien om, at han havde fået plads på Salten Mølle, men han blev faktisk *"savskjærer"*. Fornøjelsen blev dog kort, for et års tid senere måtte han tage tilbage til fattiggåden, fordi han havde skåret to fingre af.

"Grauballe Fattiggaard den 22/4 1905

Gode Jens Peter Jensen

Ja, jeg kan Melde Dig, at Skjærsliber Petter Ditlev Petersen fra Randers Indlagde sig her paa Gaarden igjen den 19 April, luse og beskidt som sidst, uden Indlæggelses Bevis, saa lod jeg ham gaa ind til Jens Klostergaard for at faa Besked paa ham, han er ikke ringere ind, at han godt kunde reist til Randers, nu bliver det Vel skidt med Beklædning – Skjorte har han da ingen af, nu Ved jeg ikke, han har sagt til Klostergaard, at han Vilde blive Helligdagene over om jeg kan saa lade ham Reise igjen, for Vor skyld iføv jo bedere. Den gamle Jørgen Jensen er det hel skidt med, Kresten Bærtelsen liger ogsaa tilsengs og er hel Daarlig tilpas, Peter Grønbæk er jo hel tapper, han reiser jo nok snart igjen, mener han, ellers aldt Ved det gamle.

Dermed en Venlig Hilsen og Glædelig Paaske, Anders Kristian Nielsen, Bestyrer"

Det lyser ud af brevet, at skærsliberen Peder Ditlev Pedersen ikke var den mest velkomne gæst; luse og beskidt, som han var. Christen Bertelsen og Jørgen Jensen, som omtales i brevet, var såkaldte understøttelsesmedlemmer, og altså ikke fattiglemmer, Peder Grønbæk var indlagt p.g.a. sygdom. Jørgen Jensen døde en måneds tid senere og det samme gjorde Peder Grønbæk, som jo ellers så frem til snart at komme hjem.

Ind imellem kunne livet på fattiggården blive ret farverigt. Det var mere reglen end undtagelsen at et fattiglem forlod gården uden tilladelse. Nogle gange var de kun væk nogle timer, andre gange i betydelig længere tid. De fleste kom hjem af sig selv, men nogle måttet hentes rundt omkring i landet, eller de blev ekspederet tilbage af politiet. Mange gange har det vel været trangen til at få slukket tørsten i andet end tyndt øl, der har fået fattiglemmerne til at rende af gården, men andre gange har det måske bare været ønsket om nogle timers frihed, hvor man selv kunne bestemme, eller for at slippe for at skulle forholde sig til en hel masse mennesker, som man ikke selv havde bestemt, at man skulle bo sammen med. I fattiggårdens første år var der ikke meget privatliv; fattiglemmerne sov to og to i samme seng, uanset om de var i familie med hinanden eller ej, indtil amtet i 1893 skrev til sognerådet at *"der bør stræbes hen til snarest muligt aldeles at afskaffe Brugen af 2 Mandssenge paa Kommunens Fattiggaard".*

For de børn, som boede på fattiggården, må det have været skræmmende at være vidne til sammenstød mellem de voksne beboere; særlinge, psykisk syge og fulde folk, som dinglede rundt, sloges og råbte op. I 1889 blev fattiglemmet Jens Hansen sat 12 dage i arresten af bestyreren. Sognerådet mente åbenbart ikke, det var straf nok for hans dårlige opførsel, for de sendte en henstilling til Herredkontoret i Kjellerup:

"Jens Hansen hensættes til Strafarbejde på Anstalten ved Viborg for sin Ondskab og Tros, om han ikke muligvis fortjener større Straf."

Nogle dage senere henvendte sognerådet sig igen til Herredskontoret om sagen:

"At sognerådet i sit Møde i Går har ikjendt Fattiglemmet Jens Hansen Straffearbejde på Arbejdsanstalten ved Viborg i 4 Uger og udbeder sig Hr. Politimesterens Resolisjon af den nævnte Straf

må fuldbyrdes. Motivet der er Uforligelighed med andre Fattiglemmer og Håndgribeligheder på disse, for Ustyrlighed og for Opsætsighed og Trods mod Bestyreren"
Resolutionen blev givet, og sognerådet henvendte sig nu til arbejdsanstalten i Viborg, for at høre om de ville modtage ham:
"*Forespørgsel om Arbejdsanstalten måtte være villig til at modtage en på herværende Fattiggård værende Mandsperson, der er doven og ondsskabsfuld, samt af den Slags, man kalder både klog og tåbelighed, han er c. 40 År gl"*
Jens Hansen var vist i det hele taget en uromager; under et sognerådsmøde på fattiggården blev han sat i arresten, mens sognerådet opholdt sig på gården, formodentlig fordi han forstyrrede mødet. Han stak af fra gården flere gange, og opholdet i Viborg var ikke hans eneste møde med en arbejdsanstalt.

Fattiggårdens arrest husede også jævnligt en fyldebøtte, som havde lavet ravage på gården. Også drikfældighed kunne udløse en tillægsstraf, som det kan ses af sognerådets henvendelse til herredskontoret i Kjellerup i 1885:
"*Begjæring til Herredsfogden om at afgive Resolusjon for at Fattiglem Jens P. Simonsen på Grund af Drukkenskab og Dovenskab kan idømmes Tvangsarbejde på Amtsarbejdsanstalten ved Viborg i mindst 30 Dage.*"
Det var ikke første gang Jens Peder Simonsen havde taget sig en tår over tørsten under sit ophold på fattiggården, men det blev den sidste. Kort efter forlod han gården med sin familie, og flyttede ind i et hus i nærheden.

Fatttiggården blev også brugt i akutte situationer, som f.eks. da Hans Pedersen med børn og husholderske blev indlagt på gården efter en brand i deres hjem, eller når en ugift eller forladt gravid kvinde dukkede op, fordi hun havde brug for et sted at føde sit barn. De har nok været rimelig fredelige, i modsætning til "ruseren" Andreas, som blev indlagt som sindsforvirret og slog 19 vinduer itu den første nat, så bestyreren måtte holde øje med ham det meste af natten. To uger efter rejste han hjem, efter at han "*var kommen noget til bevidstheden*", som der står i fattiggårdens dagbog. Otte år senere dukkede han op igen med delirium, men denne gang blev han sendt videre til sygehuset; tiden var ved at løbe fra at bruge fattiggården som løsning på alverdens sociale problemer.

På den ene side og på den anden side

Man blev jo helt varm om hjertet, når man i avisartiklen, som tidligere citeret, læste om de indtingede fattiglemmer, som havde *"nydt en sjelden god Forsørgelse"*, og det håb der blev udtrykkt for, at fattiggården skulle blive *"et godt, roligt og hyggeligt Hjem for Gamle og Svage som for de umyndige Børn"*. Desværre har vi kun få udsagn fra fattiglemmerne, som kan fortælle os om, hvordan de oplevede forholdene.

I 1885 sendte et af de kvindlige fattiglemmer dog en klage til stiftamtmanden over forholdene på Grauballe Fattiggård, især klagede hun over bestyrerens opførsel. Klagen er skrevet ud i et uden nogen tegnsætning, så jeg har sat punktum og komma ind, for at gøre læsningen lettere.

"Grauballe Fattiggaard d. 5. Juni 1885

Til Hr Stiftamtmand i Viborg.

Undskyl jeg tager den Dristighed, at skrive nogle faa Lineder til Dem, og det er Angaaendes om hvorledes vi bliver behandlet her paa Fattiggaarden. Vi har en temmelig Streng Bestyrer, og hans Kone er meget Hæftig, og når han hører, at der er et (Del) iveien, saa tager han fat paa os og Gjennem banker os saaledes, at det kan sees i flere Dage Efter.

Jeg sider her, en Enke med 6 Ukonfirmerede Børn, og fordi at der var lidt i veien med en af børnene, saa kom han og tog mig i den ene Arm, saa at det kunde sees i flere Dage Efter, og slog mig mig ind mod kanten af Bordet flere Gange, saa det Gjorde saa Smertelig Ondt i min Side.

Ligeledes var her en Karl, som der havde et Krampeslag af og til flere gange om dagen, saa Bankede han ham, fordi han Røg (?) af sin Pibe uden for Gaarden. Saa Laa han med hans Knæer paa hans Bryst og slog ham til vi synes, at han kunde rent taget Livet af ham.

Ligeledes er her en Gammel Mand paa Halfjersins tyve Aar. Blodt fordi han kunde ikke udholde at Arbeide, saa tog han ham i Brystet til han spyte Blod om Dagen efter.

Ligeledes var her en Kone, som Gik i Marken og Arbeidet. Hun var meget trædt, og Blodet kom ud af hendes Mund. Da hun saa kom hjem, og Klokken var 9, hun havde Malket, saa Gik hun og i Sit kammer for at hvile sig, men saa kom Bestyren og trak hende ned i Brøgerset igjen, hvorpaa han lagde en Volsom haand på hende. Hendes Mand var gaaet til [ro], men han kunde høre hendes Skrig, saa gik han ud for at Rede sin Kone, men saa tog Bestyren ham og slog ham baglæns ud paa Brostenen. Dernæst trak han hende Over Gaarden, hvorpaa han slog hende flere Gange i hovedet, og saa slæbte han hende op af Ganggen og ville sætte hende i Arresten, men han kunde ikke faa Døren lukket. Men det var Grusomt, som han slog hende, og di Gamle Gik af Sengen af forskrækkelse.

Jeg har Spørget dem, Sogneraadet, om jeg ikke maatte Reise. Det maatte jeg Godt, naar jeg tog det minste Barn med. Det Vilde jeg ogsaa, men saa forlangte jeg at faa midt skab til at have midt tøi i og Lidt af midt eget tøi, som jeg er kommen her med, og det har di nægtet mig.

Nu vil jeg bede Dem om at tage en (U)lig ud af disse Lider, og saa om vi kunde faa en anden Bestyrer, for han kan Gjøre for Sogneraadet, hvad han vil. Naar vi gaaer til formanden og beklager vor nød, saa siger han, at vi skulde have flere Bank.

Med Agtelse, Søren Sørensens Enke[6]*"*

Det må jo siges at være nogle ganske alvorlige anklager, der fremsættes i brevet. Sognerådet blev naturligvis bedt om at kommentere på indholdet af klagen, og de sendte følgende brev til stiftamtet:

"I anledning her af tillader Sogneådet sig at erklære, at Klagens indhold er en fuldstændig Overdrivelse og hovedsagelig ligefrem Usandhed,

at Klagerinden er meget ufredsommelig og søger på enhvar Måde at sætte Splid mellem Bestyrer og Fattiglemmer såvel som mellem disse indbyrdes,

at nærværende Klage er den første, der er fremkommen under den nuværende Bestyrer,
at Sognerådet ikke alene har sagt ja til, at hun må forlade Fattiggården, men endogså tilbudt hende understøttelse, men da hun opgiver at ville rejse til Randers og bosætte sig der, har Sognerådet fundet det mindre presende at sende hendes Skab så langt, førend man fik Vished for, om hun kunde blive der; Sengeklæder og Gangklæder har man tilkendt hende,
at Bestyreren og hans Kone ere meget dygtige og fremkommelige Folk, der røgter deres Kald med samvittighedsfuldhed og Troskab til Sognerådets bedste Tilfredshed,
at Sognerådet begrundet på den Opsætsighed og Trods, som Klagerinden ikke så sjælden udviser, vil søge at få hende, for en Tid, anbragt på Arbejdsanstalten i Viborg.
P. S. V.
Alle ærbødigst S. Sørensen Fmd"
Der er ingen tvivl om, at sognerådet havde ret i, at Søren Sørens enke, Karen Marie Hansen, ikke var den fredeligste beboer på fattiggården, men jeg kan ikke lade være med at bide mærke i formuleringen i sognerådets brev; *"hovedsagelig ligefrem usandhed"*. Hvad var det så, det ikke var usandt?

Bestyrerparret, som Karen Marie Hansen klagede over, var Mads Christian Christensen og Karen Sørensdatter, som tidligere havde bestyret Bjørnholtgård, fattiggården i Gødvad. I de ca. seks år, hvor de bestyrede Grauballe Fattiggård, var der mange konflikter, og et af fattiglemmerne prøvede sågar at brænde fattiggården ned, for at slippe væk. Under retssagen i forbindelse med ildspåsættelsen betegnede en tjenestepige bestyrerens hustru, Karen Sørensdatter, som nervøst anlagt. Karen Marie Hansen skriver, at hun er hæftig, så man må formode at Karen Sørensdatter ikke var helt i balance med sig selv. At sognerådet betegnede bestyrerparret som samvittighedfulde og trofaste behøver jo ikke betyde, at fattiglemmerne satte pris på dem. Det ville jo også have været pinligt for samme sogneråd, hvis de havde givet klageren ret i, at tingene ikke var i orden, og at bestyreren bankede fattiglemmerne. Sognerådets bemærkning om, at det er den første klage, der er fremkommet over bestyreren, mener jeg ikke kan tillægges stor betydning med hensyn til om han var en dygtig bestyrer eller ej. Mads Christian Christensen havde kun været bestyrer på Grauballe Fattiggård i 20 måneder, da klagen blev skrevet, og fattiglemmerne var vel ikke ligefrem forvænte med, at myndighederne lyttede til deres klager.

Man kan spekulere over, hvorfor Karen Marie Hansen ikke nøjedes med at klage over, at hun ikke måtte få sit skab med; hun havde jo fået lov til at rejse, og eftersom hun måtte lade de fleste af sine børn blive på fattiggården, havde hun al mulig grund til at holde sig gode venner med bestyrerparret. Hun fremkom med nogle meget konkrete eksempler på bestyrerens voldsomme adfærd, og selvom hun måske overdrev, har der nok alligevel været noget om snakken; der går vel ikke røg af en brand uden ild.

Om klagen resulterede i ændringer på fattiggården, ved jeg ikke, men den resulterede i, at Karen Marie Hansen fik en måneds "kur" på arbejdsanstalten i Viborg.

Bestyrerne

Grauballe Fattiggård havde fire forskellige bestyrere i de 27 år den eksisterede. Fattiggårdens sidste bestyrer, Anders Kristian Nielsen, fortsatte som bestyrer på Svostrup Asyl efter nedlæggelsen af fattiggården. Da han gik på pension i 1913 ansatte kommunen ikke en ny bestyrer, men forpagtede i stedet asylet ud indtil 1935, hvor ejendommen blev solgt til privatbolig.

Bestyrerne var, ligesom fattiglemmerne, bundet til fattiggården. De skulle have tilladelse til at forlade gården med mindre deres ærinde var en del af arbejdet, og ifølge vedtægterne måtte bestyreren og hans hustru ikke forlade gården på samme tid, den ene skulle blive hjemme. Ud fra dagbogen kan man dog se, at de ind imellem var borte samtidig. Ud over bestyrerlønnen, var der fri kost, vask og logi til hele bestyrerens familie. Familien spiste sammen med fattiglemmerne, hvilket vel var en sikkerhed for, at maden var veltillavet og ikke alt for ensformig.

Frands Christian Laursen: 1. april 1880 til 9. februar 1883

Grauballe Fattiggårds første bestyrer, Frands Christian Laursen, var født i 1846 i Fiskbæk sogn, og havde hidtil været skovarbejder i Voldby. Han var gift med Line Sofie Jensen og de fik en søn, Poul Laursen, mens de var bestyrerpar på Grauballe Fattiggård.

Fattiggårdens dagbog er, uden undtagelse, ført hver eneste dag i de knap tre år, de var på gården, og dagene gik med det samme arbejde, som blev udført på ethvert landbrug på den tid. Man kan følge ugernes og årstidernes gang, og man behøver ingen evighedskalender for at finde ud af, hvornår det var søndag, for om søndagen havde alle fattiglemmerne fri, med undtagelse af ham, der passede kreaturerne.

Der nævnes ikke mange problemer med fattiglemmerne, ind imellem var der en som stak af, blev syg, eller døde, men det lader til, at det meste af tiden er gået stille og roligt med det daglige arbejde. Lidt skete der dog; den 18. februar 1881 fik Frands Christian knust en finger i tærskemaskinen, og der gik godt og vel en måned, inden han igen kunne deltage i det daglige arbejde.

Frands Christian Laursen og hans familie forlod fattiggården den 9. februar 1883. Noget kan tyde på, at han ikke overholdt sit opsigelsesvarsel, for sognerådet nåede ikke at finde en ny bestyrer, inden hans afrejse.

Christen Andersen Sjørslev: 9. februar 1883 til 2. oktober 1883

Efter Frands Christian Laursen ansatte man den 25-årige snedkersvend, Christen Andersen Sjørslev, som midlertidig bestyrer. Christen Andersen Sjørslev var født og boede i Frausing i Hinge sogn, men hans forældre havde tidligere boet i Grønbæk og haft fattiglemmer i pleje. Han var gift med Kristine Hartvigsen fra Grønbæk og havde en lille datter på to år, da han tiltrådte stillingen som bestyrer. Ansættelsen var i første omgang tidsbegrænset til 1. april 1883, så han havde formodentlig ikke sin hustru og datter med til gården.

Fattiggårdens dagbog ændrede sig tydeligt, da han kom til. I starten skrev han om det daglige arbejde, men efter få dage gik han over til at skrive om fattiglemmernes sygdom og lægebesøg og en hel del om deres dårlige opførsel. Det er svært at sige om fattiglemmerne opførte sig værre, end de tidligere havde gjort - måske havde han med sin unge alder svært ved at sætte sig respekt - eller om Christen havde fået besked fra sognerådet om at føre dagbogen med et andet indhold. Det kan selvfølgelig også være, at den første bestyrer, Frands Christian Laursen, bare ikke tillagde fattiglemmernes unoder så stor betydning.

Mens Christen Andersen Sjørslev var bestyrer blev et kvindeligt fattiglem gravid. Jeg har søgt med lys og lygte efter oplysninger om, hvem der var far til barnet, men den eneste oplysning, jeg har kunnet finde er, at Christens bror, Laurs, betalte 500 kr til barnet en gang for alle *"på sin brors vegne"*. Der står ikke hvilken bror - Christen og Laurs havde flere - men man kunne jo nemt få den tanke, at det var Christen, som havde trådt i spinaten. Uanset om det var Christen eller en anden bror, må det have været særdeles pinligt, både for familien Sjørslev og for sognerådet.

Mads Christian Christensen: 2. oktober 1883 til 1. marts 1889

Den 2. oktober 1883 tiltrådte Mads Christian Christensen stillingen som bestyrer. Han var født i Ramsing sogn i 1842, gift med Karen Sørensdatter, og havde hidtil bestyret Bjørnholtgård, fattiggården i Gødvad. Mads Christian Christensen var ikke så energisk med at skrive dagbog. Han skrev om fattiglemmernes ankomst og afrejse, deres unoder, sygdomme og dødsfald.

Mens han var bestyrer, klagede et af fattiglemmerne, som tidligere nævnt, over ham til stiftamtet Grønbæk-Svostrup sogneråd blev bedt om en udtalelse i den forbindelse, og de afviste klagen som løgn og opspind. Sognerådet beskrev i sognerådsprotokollen Mads Christian som *"en rolig og besindig mand, der røgter sin Gjerning med Samvittighedsfuldhed og Troskab"*.

I 1888 forsøgte et af fattiglemmerne at brænde fattiggården af, og næsten samtidig blev et andet fattiglem anklaget for at sætte ild på en gård i Gødvad. Mads Christian Christensens hustru, Karen Sørensdatter, beskrives i retssagen om ildspåsættelse på fattiggården, som *"noget nervøs"*, hvilket vel ikke var den bedste helbredstilstand for en fattiggårdsbestyrers hustru, og måske var det medvirkende til, at parret nogle måneder senere købte en ejendom og prøvede at sige bestyrerjobbet op med kort varsel. Sognerådet holdt på at de ville trække ham i løn, hvis han ikke overholdt sin ansættelseskontrakt, så han måtte blive tiden ud.

Anders Kristian Nielsen: 1. marts 1889 til 1. maj 1913

Anders Kristian Nielsen blev Grauballe Fattiggårds sidste bestyrer og fortsatte som bestyrer på Svostrup Asyl. I referatet fra sognerådsmødet 6. februar 1889 står der, at han blev valgt mellem 28 ansøgere og fik stillingen på betingelse af, at lønnen var 300 kr om året, og at han holdt sin 12-årige søn, Anton, udenfor fattiggården. Hvorfor sønnen ikke måtte være på fattiggården, står der desværre ikke noget om.

Anders Kristian Nielsen var født i 1845 i Kragelund sogn. Familien flyttede til Linå sogn, men omkring 1850 forlod faderen hjemmet, og forældrene blev skilt. Moderen, Ane Dorte Andersdatter, flyttede tilbage til Kragelund, men havde svært ved at klare sig alene med børnene, og Anders

Christian blev sat i pleje hos den daværende ejer af Grauballe Vestergård, Niels Henriksen, og hans hustru, Bodil Marie Sørensdatter. Anders Christians storebror, Jens, var tjenestekarl på samme gård.

Nogle år senere fandt Anders Christians forældre sammen igen, men han blev i Grauballe, hvor han i en årrække var landpost og i 1877 overtog han den lille ejendom (matr.nr. 2g-11g), som hans plejeforældre havde udstykket fra Grauballe Vestergård inden de solgte gården. Anders Christian kendte altså Grauballe Vestergård på nærmeste hold, og han kendte vel også fattiglemmerne, da han boede næsten lige ved siden af.

Anders Christian var gift to gange. Med sin første hustru, Inger Birte Johansen, fik han syv børn, hvoraf de to døde som ganske små. Inger Birte døde, 41 år gammel, i 1884 og Anders Christian stod tilbage med fem børn i alderen 1 til 13 år. I 1886 giftede han sig med Bolette Marie Kathrine Andersen. I dette ægteskab var der otte børn, hvoraf de syv blev født medens parret bestyrede fattiggården.

Billede 12: Bolette Marie Kathrine Andersen og Anders Kristian Nielsen
(Foto: Lokalhistorisk Arkiv for tidligere Gjern Kommune)

Det ser ud til at jobbeskrivelsen ændrede sig en del i Anders Kristian Nielsens tid som bestyrer. Ud over at passe bedriften kørte bestyreren sygevogn med patienter fra hele sognet og hentede jævnligt læge og jordmoder til borgere udenfor fattiggården. Efter at loven om alderdomsunderstøttelse trådte i kraft, fik fattiggården en ny kategori af beboere, nemlig understøttelsesmedlemmerne, der selv betalte for deres ophold, og ikke skulle spørge om lov til at forlade stedet. Fattiggården kom derved til at fungere som en slags plejehjem.

I Anders Kristian Nielsens bestyrertid gav Grauballe Fattiggård overskud nogle af årene, hvor den tidligere havde givet underskud hvert eneste år. Det ser nu ikke ud til at sognerådet belønnede ham for det forbedrede resultat. Lønnen blev ved med at være den samme, og den ene gang han tildeltes et gratiale, var det på 30 kr og skulle bruges til en ny symaskine til hans kone, fordi *"den gamle er opslidt mest i Kommmunens Tjeneste"*.

I 1907 blev fattiggården, som tidligere nævnt, nedlagt, og de sidste beboere blev flyttet til Svostrup Asyl. Anders Kristian Nielsen og hans hustru fortsatte endnu seks år som bestyrerpar, inden de, i 1913, sagde farvel efter næsten 25 års tro tjeneste.

Billede 13: Anders Kristian Nielsen og Bolette Marie Kathrine Andersen foran deres lille ejendom (matr.nr. 2g-11g) tæt ved Grauballe Vestergård
(Foto: Lokalhistorisk Arkiv for tidligere Gjern Kommune)

Christen Jensen: 1. maj 1913 til 4. juni 1924

Christen Jensen var født i 1871 på Svostrup Mark, ikke langt fra asylet. Han var gift med Else Kirstine Jensen, og parret fik syv børn; den yngste blev født på Svostrup Asyl i 1913.

Christen Jensen havde først været husmand og derefter skovfoged i Demstrup Skov. Da han forpagtede asylet, var der ikke mange beboerer tilbage. Der var ikke længere brug for en bestyrer, i stedet valgte kommunen at forpagte stedet ud for 50 kr om året. Forpagtningskontrakten (bilag4) indeholdt dog betingelser om, at kommunen stadig kunne indlægge trængende personer på asylet, for en betaling af èn krone pr. dag til forpagteren.

Med Christen Jensen kom det tyvende århundrede ind på asylet. I 1921 overtalte han kommunen til at lægge strøm ind på ejendommen, mod at han selv indkøbte lamper m.v. Installationen kostede 675,13 kr, og måske var det den regning, som fik sognerådet til at sætte forpagtningsafgiften betydeligt i vejret, fra 50 kr årligt til 400 kr årligt. Samtidig satte man dog også betalingen for indlagte personer op til 3,50 kr pr. dag de første ti dage, og derefter 2,50 kr pr. dag for den resterende indlæggelsestid. Et par år senere blev stråtaget på bygningen skiftet ud med cementtagsten, men på trods af moderniseringerne valgte Christen Jensen i 1924 at opsige forpagtningen og flytte til en ejendom på Allingskovgårds Mark.

Anders Frederik Andersen: 3. juni 1924 til 31. marts 1931

Anders Frederik Andersen var født i Nødager sogn på Djursland i 1871. Han var gift med Kirsten Marie Hansen fra Fakse og sammen havde de fem børn. Parret kom til Svostrup sogn i 1901, hvor de, gennem en årrække, havde et husmandssted i Grauballe. I Anders Frederik Andersens periode som forpagter skete der ikke meget på asylet, og der var kun få beboere i kortere perioder.

Christian Andersen: 1. april 1931 til 22. august 1935

Efter Anders Frederik Andersens død i 1930, overtog Christian Andersen fra Lemming forpagtningen og havde den frem til Svostrup Kommune i 1935 solgte ejendommen. Da Svostrup Kommune i 1929 havde fået indlæggelsesret på fattiggården i Silkeborg, var det, ligesom i den tidligere forpagters tid, småt med "besøg" på asylet i Christian Andersens forpagtningsperiode.

Billede 14: Svostrup Asyl
(Foto: Lokalhistorisk Arkiv for tidligere Gjern Kommune)

Fattiglemmerne

De personer, som kom til fattiggården havde en ting til fælles; de havde måttet opgive at klare tilværelsen for sig selv og deres familie. Uanset hvilken baggrund de kom fra, blev de som fattiglemmer regnet som samfundets laveste klasse og ofte betragtet som både dovne og arbejdssky. Alle havde en historie med sig, som ofte var en sørgelig beretning om svigt fra både omgivelserne og samfundets side, uheldige omstændigheder, sygdom, skilsmisse, handicap og misbrug.

Hvor mange, hvor gamle og hvor kom de fra?

Ved gennemgang af folketællingerne for Svostrup og Grønbæk sogne i 1880 fandtes i alt 31 personer, som fik hjælp fra fattigvæsenet. Derudover var der fattiglemmernes børn og nogle plejebørn. Det ville være nærliggende at tro, at sognerådet straks ville indskrive disse personer på den nye fattiggård for at opnå den stordriftsfordel, som man vel ventede at opnå ved at samle de fattige under samme tag, men i løbet af 1880 var det dog kun et barn og tre voksne af de i folketællingen nævnte fattighjælpsmodtagere fra Grønbæk sogn og tre voksne modtagere af fattighjælp fra Svostrup sogn, som flyttede ind på fattiggården.

Af de i alt 25 personer i Grønbæk sogn, som modtog fattighjælp i 1880 endte ti med at bo på fattiggården. For Svostrups vedkommende flyttede fem ud af seks modtagere af fattighjælp ind på fattiggården. Derudover kom en del af de børn, som blev indskrevet på fattiggården, fra hjem, hvor forældrene modtog fattighjælp.

Lemmebogen for Grauballe Fattiggård og Svostrup Asyl er ikke en fuldstændig dokumentation for hvem og hvor mange, der har været indskrevet på de to institutioner, bl.a. fordi man stoppede med at føre den allerede i 1910. En del af fattiglemmerne er ikke skrevet ind i lemmebogen, og om mange er der kun sparsomme oplysninger.

Ved at gennemgå lemmebogen, dagbogen og folketællingerne for perioden har jeg imidlertid fundet frem til i alt 171 personer, der har opholdt sig på fattiggården, hvoraf 11 også har boet på asylet. Ud over de 11, har jeg fundet yderligere 23 personer, som har opholdt sig på asylet i kortere eller længere tid. Der har uden tvivl været flere, men da listen over indskrevne aldrig kan blive fuldstændig, har jeg valgt hovedsagelig at bygge på disse tre kilder.

Grønbæk-Svostrup Kommune og senere Svostrup Kommune havde ikke noget børnehjem, så forældreløse eller forladte børn havnede enten på fattiggården eller i pleje hos private, indtil de, efter konfirmationen, kunne komme ud og tjene. Ved folketællingen i 1890 var børn under 14 år den største gruppe på fattiggården, over 43 %. De fleste af dem havde dog mindst den ene forælder på fattiggården, i de fleste tilfælde moderen. Ændringerne i den sociale lovgivning i slutningen af 1800-tallet og starten af 1900-tallet afspejler sig tydeligt på figuren på næste side, både ved at der ved folketællingen i 1901 ikke længere var børn indskrevet, og at antallet af indskrevne i det hele taget faldt.

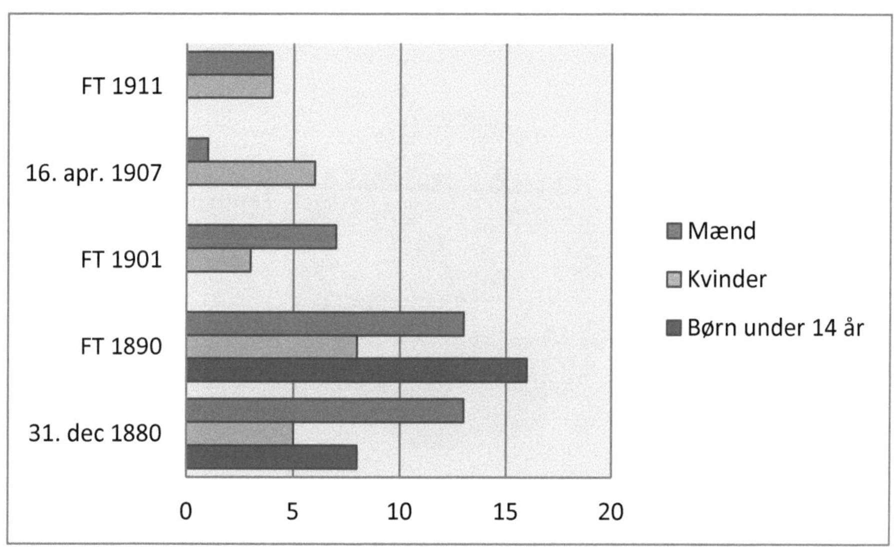

Diagram 1: Indskrevne på Grauballe Fattiggård og Svostrup Asyl 1880-1907

Af de i alt 194 personer, som var indskrevet på fattiggården og asylet, er der kun ti, som er angivet i lemmebogen med et håndværk eller anden beskæftigelse; gartner, murer, smed, teglbrænder, skrædder, skomager, snedker, skærsliber og røgter. Hvad de øvrige beboere har beskæftiget sig med, kan man kun gisne om. En del har vel haft arbejde ved landbruget, men ifølge den tidligere nævnte artikel i Silkeborg Avis 5. sep 1879 skyldtes en stor del af arbejdsløsheden, og den deraf følgende fattigdom, i Grønbæk-Svostrup Kommune, at pramfarten på Gudenåen, efter at man havde anlagt den såkaldte tværbane i 1860-erne, ikke længere kunne betale sig.

I løbet af 1800-talllet havde en betydelig tørve-og teglproduktion trukket mange arbejdere til kommunen, men jernbanen skabte konkurrence fra andre produktionssteder, og afsætningen faldt. De tilflyttede arbejdere var jo af gode grunde uden lokalt familienetværk og måtte derfor ty til fattiggården, når de blev ramt af arbejdsløshed, sygdom eller skilsmisse, eller blev så gamle og skrøbelige, at de ikke kunne klare sig selv længere. Figuren på næste side ser ud til at underbygge denne påstand, da det jo fremgår tydeligt, at over halvdelen af fattiglemmerne kom udefra. Der kan gemme sig nogle få lokale under kategorien "ukendt sogn", men efter en særdeles grundig gennemgang af kirkebøgerne for Svostrup og Grønbæk sogne, tør jeg godt påstå, at det ikke kan være mange.

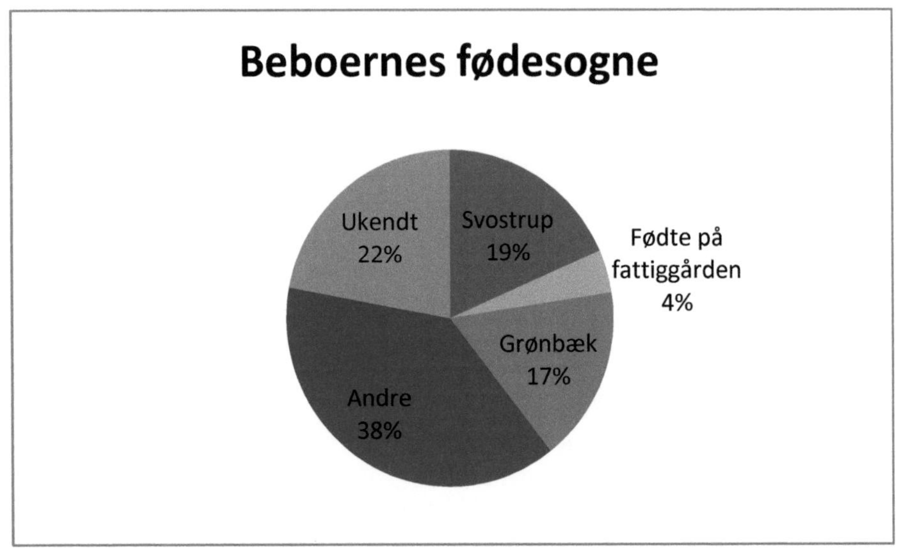

Diagram 2: Beboernes fødesogne

Hvem var de?

Min far sagde engang til mig: *"Man er først rigtig død, når folk holder op med at tale om en!"* Desværre er de fleste af fattiggårdens beboere "rigtig" døde og har ikke efterladt spor andre steder end i kirkebøgerne og fattiggårdens protokoller.

Nogle af beboerne har dog overlevet i sognets erindring, fordi de var lokale originaler, som f.eks "*Ma Detlevs*" (Maren Ditlevsen) fra fattighuset i Svostrup, som børnene var sikre på var en heks; "*Hun saa ud som en heks og talte præcist som en Heks... Efter Solnedgang humplede hun ikke af Sted. Saa red hun paa Kosteskaft. Det var da noget enhver vidste*"[7], Jöran Anderson, "*Svensk Jørgen*", som hadede sognerådet inderligt og jævnligt udtrykte at "*Det fnatte Souneraad, det sku op aa hæng aa dimmel imell Himmel aa Jord*"[8], og spillemanden, Hans Christian Ziegenfeldt, der belærende forklarede sin musik for børnene med hjemmelavede "fagudtryk". Andre beboere var i kontakt med flere offentlige myndigheder ud over fattigvæsenet, f.eks. hospitaler og domstole, og har derfor efterladt sig spor i diverse journaler og protokoller, eller de har gjort uudsletteligt indtryk på deres nærmeste, så mindet om deres meriter har overlevet i familien.

I det følgende afsnit vil jeg prøve at puste lidt liv tilbage i nogle af fattiglemmerne, og jeg vil starte med en, som satte så markante spor med sit stridbare sind, at historierne om hende stadig lever i bedste velgående blandt hendes efterkommere.

Konen med træbenet

-Bertoline Simonsen

Der nævnes kun få personer med handicap i lemmebogen; to døvstumme mænd og tre retarderede kvinder. Derudover opgives to mænd at være sindssyge ved indskrivningen - den ene af dem havde nu nok nærmere delirium tremens – desuden blev flere lemmer blev indlagt på sindssygeanstalten i Viborg. Men der var en, hvis handicap ikke blev nævnt, nemlig Bertoline Simonsen.

Bertoline blev født på Allingskovgårds Mark den 18. jan 1860. Hendes far, Simon Pedersen, var daglejer, familien var fattig og måtte med mellemrum søge fattighjælp for at klare dagen og vejen. Efter faderens død boede Bertoline sammen med sin mor hos broderen Jacob, men 20 år gammel blev hun i 1880 indskrevet på den nyoprettede fattiggård i Grauballe. Få uger før var en af hendes andre brødre, Jens Peder, også blevet indskrevet på gården, sammen med sin hustru, Inger Johanne Nielsen, hendes datter og deres to fælles børn. Bertoline var handicappet - hun havde træben - og hun kom formodentlig på fattiggården, fordi hun ikke kunne forsørge sig selv. Broderen Jens Peder og hans familie havnede formodentlig på gården på grund af Jens Peders forkærlighed for brændevin.

I 1882 fik Bertoline en søn, Anton, som blev født på fattiggården. Ifølge overleveringen blandt Bertolines efterkommere skulle hun have været gift med drengens far, en skomager ved navn Rasmus Andersen fra Låsby, men han svigtede den højgravide Bertoline ved alteret, og hun måtte blive på fattiggården med sit barn. Hvis familiens overlevering taler sandt, har skomageren vist været en skidt fyr, for han giftede sig med en anden pige fire dage før Bertolines søn blev født.

Bertoline brød sig utvivlsomt ikke om at være på fattiggården og gjorde flere forsøg på at komme væk. Hun stak dog ikke af, men holdt sig indenfor reglementet, når lige undtages den ene gang, hvor hun blev sat i fattiggårdens arrest for at slå børnene på gården. Da sønnen var omkring 12 år, flyttede han hen til sin far, hvor han boede nogle år. Det gav Bertoline chancen for endelig at komme væk fra fattiggården; nu havde hun jo kun sig selv at sørge for. 20. marts 1895 sendte hun en henvendelse til Grønbæk-Svostrup sogneråd, hvor hun bad om understøttelse til at bo udenfor fattiggården. I sognerådets forhandlingsprotokol kommenteredes henvendelsen på følgende måde: *"Da Bertoline før har forsøgt at komme bort fra Fattiggåden, og igen har måttet vende tilbage, anser man det for uheldig at hun atter gør forsøg i den Retning."*

Medlemmerne af sognerådet mente tydeligvis ikke, at hun vidste, hvad der var bedst for hende selv. Men Bertoline gav ikke op. Hun flyttede fra fattiggården til Silkeborg, hvor hun lejede sig ind hos sin morbror, og prøvede derfra endnu engang, om hun ikke kunne få lidt hjælp. I august 1895 skrev hun igen til sognerådet og anmodede om 4 kr om måneden i understøttelse på grund af svaghed. Hvis understøttelsen ikke kunne bevilges, så hun sig nødsaget til at komme tilbage til fattiggården. Bertoline regnede åbenbart med, at sognerådet ville vælge den billige løsning, da opholdet på fattiggården ville være betydeligt dyrere for kommunen, men hun havde gjort regning uden vært; sognerådet holdt fast i den beslutning de havde taget tidligere.

De næste år kæmpede hun for at forsørge sig selv som syerske. Flere gange måtte hun bede om lidt hjælp til brændsel og andre daglige fornødenheder, som sognerådet modstræbende gav hende, og hun havde konstant truslen om at blive hentet tilbage til fattiggården hængende over hovedet. Den 5. juni 1897 skrev Grønbæk-Svostrup Kommune til fattigvæsenet i Silkeborg, at man ville refundere den hjælp der var ydet til Bertoline, men at sognerådet havde vedtaget at *"begære den pågældende hjemsendt til Forsørgelse på herværende Fattiggård, såfremt hun herefter ikke kan ernære sig selv."* Efterhånden tøede Grønbæk-Svostrup sogneråd dog lidt op, eller også blev de værste stivstikkere skiftet ud ved sognerådsvalget. I oktober 1900 bad Bertoline om 5 kr om måneden til husleje, og sognerådet henstillede til fattigudvalget i Silkeborg om *"at undersøge forholdene – om der er trang tilstede, i saafald kunde der nok tilstedes hende en lille Understøttelse af indtil 4 Kr Mdl."* Fattigudvalget i Silkeborg skrev tilbage, at man havde tilstået hende 5 kr om måneden til husleje. Sognerådet tog oplysningen til efterretning, og der kom ikke flere trusler om at hente hende tilbage til fattiggården.

I de følgende år blev Bertolines helbred dårligere, og hun fik brug for mere hjælp. Ud over hjælp til husleje, brændsel og tøj, fik hun hjælp til sygepleje og et nyt træben til en pris af 80 kr. I Silkeborg kommunes hovedbog for fattighjælp står der i 1898, at hun *"har en vanartet søn, som hun hjælper"*. Desværre har det ikke været muligt, at finde ud af hvori sønnen Antons vanartethed bestod, og man kan godt undre sig over, hvordan Bertoline overhovedet var i stand til at række ham en hjælpende hånd, når hun selv hverken havde til at bide eller brænde.

I 1900 flyttede Anton til Silkeborg, og Bertoline flyttede sammen med ham. De blev boende sammen til Bertolines død den 1. august 1923, hvilket, ifølge hendes efterkommere, ikke var nogen dans på roser for Anton og hans børnerige familie. Bertoline var ikke nem at omgås, faktisk var hun vist ikke så lidt af en hustyran, der ikke gik ad vejen for at gå koporligt til angreb på svigerdatteren, og slå hendes hoved ind i væggen. Børnebørnene har nok også fået deres bekomst.

Bertolines liv var heller ikke nemt, så måske er det ikke så underligt, hvis hun blev en bitter og uomgængelig gammel kone. Ud over alt det andet, hun havde at kæmpe med, har hun formodentlig haft mange bekymringer omkring sin søn, men den *"vanartede"* Anton rettede sig med heldigvis med tiden. Han blev medlem af pinsemissionen og stærkt troende (ifølge familien var hans sidste ord inden han døde: *"Jesus, nu kommer jeg"*). I 1910 var han blevet vævemester på Hammers Klædefabrik, som lå på Torvet i Silkeborg og gik på arbejde i skjorte, slips og pæne sko.

I 1906 giftede Anton sig med Ane Kathrine Kirstine Abelone Jensen fra Grønbæk, og i løbet af de næste ca 20 år blev Bertoline bedstemor til ikke mindre end 12 børnebørn, hvoraf de to sidste dog blev født efter hendes død. Antons hustru var mere verdslig end han; hun gik både i biografen og spillede kort, og børnenes livsholdninger kom til at dække hele spekteret fra dyb religiøsitet til et par ærkekommunister, hvoraf den ene mistede livet i en koncentrationslejr under 2. verdenskrig. Det var efter sigende kun Antons ældste barn, Agnethe, som rigtig faldt i Bertolines smag. Resten af børneflokkens forhold til deres farmor har vel været forskelligt alt efter hvor gamle de var, men i hvert fald én af drengene var ikke særlig begejstret for hende, for da hun døde, cyklede han Silkeborg rundt, viftende med et dannebrogsflag, og råbte: *"Hura, hurra, den gamle er død!"*

Billede 15: Midt i forreste række sidder Anton Simonsen (Foto: Silkeborg Arkiv)

Om Bertoline var født med sit handicap, eller det skyldtes en ulykke i hendes barndom, har jeg ikke kunnet finde ud af, men under alle omstændigheder påvirkede handicappet hele hendes liv. Man ikke lade være med at beundre hende for, at hun, på trods af sit svære handicap og omgivelsernes modstand, kæmpede sig fri af fattiggården og sognerådets bedrevidenhed og skabte sig en rimelig selvstændig tilværelse.

En note i fattiggårdens dagbog

-Cecilie Marie Sørensen

Lørdag den 20. maj 1882 er det følgende noteret i fattiggårdens dagbog:

"Bestyren i Silkeborg, Karlen harvet, Anders Gregersen passede Kreaturene, J. Peder Murer kalket i Kostalden, de andre indvendig Arbeide, Jens Daniel Jensen druknede i Mosen 9 Aar gamel".

Den lille drengs død er nævnt på linje med dagligdags ting som pasning af kreaturer og kalkning af kostalden, men bag det lille notat skjuler sig en trist historie.

Jens Daniel blev indskrevet på fattiggården den 18. juli 1880 sammen med tre af sine fem søskende, Mette Marie på 8 år, Sofie på 6 år og Laurs Peder på 4 år; de to ældste børn i flokken, Karoline Mette Kirstine på 13 år og Ane Kirstine på 11 år, var ude og tjene. Børnene kom på fattiggården, fordi deres mor, Cecilie Marie Sørensen, blev idømt 8 måneders forbedringshusarbejde, som hun afsonede i Christianshavns Kvindefængsel.

I 1878 var Cecilie Marie blevet separeret fra børnenes far, Jens Jensen Boes. Hjemmet var fattigt, hvilket tydeligt fremgår af de få ejendele børnene medbragte til fattigården; hvert barn havde to sæt gangklæder til en værdi af 10 kr og derudover bestod familiens bohave af 1 kakkelovn og 1 komfur, vurderet til 20 kr, 3 dyner og 6 puder, også vurderet til 20 kr, 2 sengesteder, vurderet til 12 kr, 2 gamle borde, 1 slagseng og 1 bænk, tilsammen vurderet til 3 kr.

I separationsbevillingen, som er delvis citeret herunder, kan man se, at det var Cecilie Marie, der ville skilles, og i Politiprotokollen for Lysgård-Hids og en del af Houlbjerg Herred kan man læse hvorfor; Jens Jensen Boes mishandlede gentagne gange Cecilie Marie og truede hende på livet. Desuden drak han og efterlod kone og børn uden midler til livets opretholdelse. Adskillige af egnens beboerer afgav forklaring til retten, men da de hovedsageligt kunne berette om rygter på egnen endte sagen uden domfældelse.

"Aar 1878 den 4. Mai mødt for Stiftamtet efter forudgaaet Indkaldelse Ægtefolkene Jens Jensen Boes og Hustru Cecilie Marie Sørensen af Iller i Anledning af den af den Sidste indgivne Ansøgning om Bevilling til Separation i Henseende til Bord og Seng. Fremlagt blev Udskrift af Amtets Forhandlingsprotokol af det Passerede i Mødet den 16. Marts d. A., en Skrivelse af 17. April d. A. fra Justitsministeriet, hvorefter Amtet bemyndiges til at udfærdige den ansøgte Separationsbevilling paa Vilkaar: at formuefællesskabet hæves, at Boet i Mangel af mindelig forening deles af Stiftsretten og i øvrigt paa saadanne Vilkaar, som Amtet maatte finde passende. Ægtefolkene, der blev gjorte bekjendte med Indholdet af denne Resolution, kunde ikke enes om Delingen af deres faa Ejendele, hvorefter Sagen henvises til Stiftsretten med hensyn til Boets Deling. Det bestemtes derfor, at Børnene forbliver hos Moderen til fremtidig Opdragelse, samt at Faderen ansættes til at yde hende aarlig et passende Bidrag til hendes og deres fælles 6 Børns Underholdning og Opdragelse, men Størrelsen af dettte Bidrag forbeholder Amtet sig senere at fastsætte..."

Børnene blev, som det kan ses af ovenstående, hos deres mor, men selvom hendes fraseparerede mand skulle betale bidrag, kunne hun ikke forsørge en stor flok ukonfirmerede børn alene, så fattigvæsenet måtte også yde et bidrag.

Året efter separationen var Cecilie Marie så uheldig at blive gravid med *"en fremmed"*, som hun selv udtrykte det under de senere politiforhør. Hun var flov over graviditeten og har vel også nærmest være desperat ved tanken om endnu et barn og den fordømmelse der ville komme fra omgivelserne, så hun omtalte ikke sin graviditet og prøvede at snakke udenom, hvis nogen spurgte til hendes tilstand. Rygterne gik dog i lokalområdet, og ved et besøg i tre måneder før fødselen, spurgte sognerådsmedlemmet Niels Jørgensen også til hendes tilstand, men fik et henholdende svar.

Efter fødslen blev mistanken til Cecilie Marie så stærk, at sognerådet pålagde hende en lægeundersøgelse, og efterfølgende blev hun arresteret og anklaget for uforsvarlig omgang med barnefødsel eller fødsel i dølgsmål. Ifølge politiforhørene fastholdt Cecilie Marie, at hun ville have fortalt om graviditeten, men at fødselen kom bag på hende, da hun, belært af erfaringen fra sine tidligere fødsler, havde forventet at føde senere på måneden.

Det er ikke til at vide, om Cecilie Marie sagde sandheden, eller om hun faktisk havde planlagt at slippe af med barnet på den ene eller den anden måde, men hendes adfærd under og efter fødselen talte ikke til hendes fordel.

"... den 4. Juni d.A. om Aftenen, da Fødselsveerne kom over hende medens hun opholdt sig i et Værelse ved Siden af det, hvor hendes Børn, heriblandt en 11 aarig Datter, laa, følende sig ude af Stand til at søge Hjælp, fødte et barn af Kvindekjønnet, der ifølge den lagde Obduktions Conclusion har været fuldbaaret og levedygtigt, og hvis død er fremkaldt ved Mangel paa Tilførsel af frisk Luft eller ved Kvælning, men som Arrestantinden, da hun ikke mærkede Liv i det, antog dødt og derfor lod ligge hos sig under Dynen til hen paa Morgenen, da hun indsvøbte det i noget Linnedtøj og henlagde det i en dragkisteskuffe indtil hun et Par dage efter paa Grund af Ligets begyndende Forraadnelse nedravede det under Leergulvet i et i hendes Beboelseslejlihed herværende Kammer."[9]

Hun blev idømt 18 måneders forbedringshusarbejde, men dommen blev dog nedsat til otte måneder, som hun afsonede i Christianshavns Kvindefængsel.

Efter løsladelsen rejste Cecilie Marie hjem til Grønbæk sogn, men hun kunne formodentlig ikke finde arbejde, og blev måske også set ned på efter fængselsopholdet. Hun fandt arbejde i Kjellerup og levede vel i håbet om, at hun engang kunne få sine børn hjem igen.

Mens hun boede i Kjellerup fik hun endnu tre børn, Vilhelm, født i 1882, Mette Marie, født i 1884, men død to måneder gammel og i 1886 endnu en datter, Karen Hedevig Elisabeth, alle tre født udenfor ægteskab, med forskellige fædre, hvilket indbragte Cecilie Marie en advarsel for utugt i 1887. Man kan jo spekulere lidt over, om hun virkelig var utugtig, eller om hun bare var et let offer. En af de barnefædre hun udlagde, var arrestforvareren i Kjellerup, som godt nok nægtede, men som jo af gode grunde må have kendt til hendes fortid, eftersom hun havde siddet i Kjellerup Arrest under retssagen, og det er sandsynligt at hele byen vidste, at hun havde siddet i forbedringshuset og var fraskilt.

Cecilie Marie var nu 40 år gammel og slidt op. I løbet af 19 år havde hun født ti børn, og opholdet i forbedringshuset havde sikkert også slidt på hende. Den 23. december 1889 fik hun et alvorligt slagtilfælde og blev indlagt på sygehuset i Viborg. Nogle måneder senere blev hun overført til fattiggården i Grauballe. Hun var meget dårlig og plejekrævende, så kort efter blev hun igen indlagt på Viborg Sygehus, hvor hun døde den 15. maj 1890, kun 42 år gammel. Hendes børn var spredt for alle vinde; de to yngste var sat i pleje hos to familier i Roe i Grønbæk sogn, de øvrige var vokset op på fattiggården og efter konfirmationen sendt ud i tjeneste.

Jeg har ikke fundet tegn på, at Cecilie Maries fraskilte mand, Jens Jensen Boes, havde nogen som helst kontakt med sine børn efter skilsmissen, men kort efter hendes død sendte han en ansøgning til sognerådet om at måtte gifte sig igen, nu hans fraseparerede kone var død; den udkårne var enken Maren Lauritsen fra Aarhus. Den 6. august 1890 behandlede sognerådet Jens Jensen Boes ansøgning, som var blevet fulgt op af en nærmere undersøgelse af forholdene, ikke mindst den kommende brud:

"Fremlagdes Beretning fra S. Christensen angående Jens Jensen Boes af Aarhus og in specie hans

tilkommende hustru, Maren Lauritsen, Enke efter Tømrer Andersen, 44 År gl."
Sognerådet gav deres tilladelse, imod at han refunderede 110 kr af de penge, som Grønbæk-Svostrup Kommune havde brugt på hans families underhold. Jens Boes betalte regningen og den 23. september 1890 giftede han sig med Maren Lauritsen i Viby Kirke.

Pigen, som ville brænde fattiggården af

-Inger Kathrine Pedersen

Inger Kathrine Pedersen, kaldet Trine Borres, var 8 år gammel, da hun, sammen med sine forældre, Christen Pedersen Borre og Ane Marie Christensen, første gang ankom til Grauballe Fattiggård den 1. marts 1881. De medbragte deres fattige bohave, som bestod af:

1 sæt gangklæder (mandens)	*25 kr*
ditto undertøj	*5 kr*
1 sæt gangklæder (konens)	*15 kr*
barnets gangklæder	*10 kr*
2 dyner, 3 puder, 1 par lagner	*25 kr*
1 dragkiste, 1 standkiste, 1 bord	*15 kr*
1 stueur og en rok	*8 kr*
1 kaffekedel, 1 kaffemølle	*4 kr*
5 par kopper og 6 tallerkener	*1 kr*

Trines far, Christen Pedersen Borre, var gårdmandssøn fra Sahl sogn, født i 1809. 22 år gammel giftede han sig og flyttede til Grønbæk sogn, hvor han i en længere årrække havde en gård i Iller. Efterfølgende havde han en gård i Levring et par år, men derefter begyndte det at gå ned af bakke for ham, måske fordi han var lidt glad for de våde varer. Han var blevet skilt fra sin første kone, Maren Sørensdatter, efter et barnløst ægteskab, og flyttede derefter tilbage til Sahl sogn, hvor han havde et husmandssted et par år. Derefter boede han han ved sin søster en tid, og de næste mange år skiftede han mellem at være i tjeneste og bo hos familie. Han afsonede også en dom for tyveri og efterfølgende fik han plads på Vindumovergard, hvor han var tjenestekarl i en årrække. I Vindum blev han gift med Ane Marie Christensen, og datteren Inger Kathrine blev født.

Da Trine var ca. ½ år gammel brækkede Christen benet, da en mergelgrav skred sammen over ham. Hjemmet var i forvejen fattigt; de ejede kun det mest nødvendige, og desuden havde Christen et uægte barn, som han betalte bidrag til. Nu, hvor han ikke kunne arbejde, bankede fogden på døren og familien måtte søge fattighjælp. Tilværelsen for den lille familie gik op og ned de kommende år, og i 1881 må de ty til fattiggården i Grauballe.

Christen Pedersen Borre og Ane Marie Christensen nævnes dagligt i den første tid, hvor de deltog i arbejdet på fattiggården. Efter 5½ måned forlod familien fattiggården uden tilladelse og ca. 6 uger senere måtte bestyreren hente Christen Borre i Ans Kro. Trine og hendes mor er ikke nævnt, men de var sandsynligvis sammen med ham. 1½ måned senere, natten mellem den 11. og 12. nov 1881, døde Christen Pedersen Borre.

De næste 3 år omtales hverken Trine eller hendes mor meget i fattiggårdens dagbog. De var væk fra gården i en del af perioden; deres afrejse er ikke nævnt, men de blev indskrevet i lemmebogen igen den 24. februar 1883, medbringende hver et sæt gangklæder til en samlet værdi af 7 kr. De medbragte sandsynligvis også fnat, for kort tid efter, at de kom tilbage blev de begge indlagt for at *"renses for Smidt"*, som der står i fattiggårdens dagbog.

11 år gammel, blev Trine sendt ½ år i tjeneste i Grønbæk, men kom tilbage efter fire måneder. Kort tid efter fik hun, sammen med sin mor, orlov til at tage til marked i Ans. De to vendte imidlertid ikke tilbage til fattiggården før den 7. marts 1887, efter 2½ års fravær. Hvor de opholdt sig i den periode er ikke helt klart, men udflugten sluttede, da Ane Marie blev straffet med 4 dage på vand og brød for løsgængeri og betleri, hvorefter mor og datter blev sendt tilbage til fattiggården.

Året efter, den 3. marts 1888, 15 år gammel, forsøgte Trine at sætte ild på fattiggården. Hun bar gløder fra bageovnen i fattiggårdens bryggers ud i tørvehuset, hvor hun gemte dem i en lille stabel tørv. Et par drenge fra fattiggården, Laurs Peder Jensen og Christian Pedersen, opdagede gløderne og fik dem fjernet inden der skete skade.

Ingen havde set Trines udåd, så nogle dage senere, den 6. marts, blev hendes mor anholdt, mistænkt for forbrydelsen. Mon ikke Trine har fået lidt kolde fødder, da hendes mor pludselig sad i arresten? Hun forsøgte i hvert fald at sprede mistanken ved at fortælle nogle af fattiglemmerne, at hun vidste hvem, der havde prøvet at sætte ild på gården, og at det hverken var hendes mor eller hende selv.

Den 8. marts 1888 indkaldtes fattiggårdsbestyreren og nogle af fattiglemmerne, der iblandt Trine, til politiforhør. Forhørene gjorde det klart, at Ane Marie Christensen ikke havde begået forbrydelsen, så hun blev løsladt. Til gengæld voksede mistanken mod Trine, så hun blev anholdt i stedet, og, inden dagen var omme, havde hun også tilstået forsøget på ildspåsættelse.

Fattiggårdsbestyreren, Mads Christian Christensen, gav ikke Trine noget smukt skudsmål; han kaldte hende både *"løgnagtig og upålidelig"*. Om hendes mor, Ane Marie Christensen, sagde han, at der ikke havde været *"noget videre at udsætte"* på hendes opførsel i fattiggården. I dagbogen kan man dog finde i hvert fald et tilfælde, hvor hun ikke viste sig fra sin bedste side.

I politiforhøret begrundede Trine ildspåsættelsen med, at hun hellere ville ud at tjene end bo på fattiggården, og at hun forestillede sig, at hvis fattiggården brændte, ville hun få sit ønske opfyldt. Hun fortalte, at hun havde fået idéen den 27. februar, efter at hun og hendes mor havde talt om, hvordan de kunne komme væk fra fattiggården. Hun holdt fast i, at idéen var hendes egen, og at hendes mor intet havde vidst om hendes planer.

Når man læser forhørene, kan man dog ikke undgå at få en lille mistanke om, at Ane Marie vidste hvad der foregik, og at det måske nærmest var en tilfældighed, at det blev Trine, som havde held til at lægge gløderne ud i tørvehuset uden at blive set. Ane Marie kom med en lidet troværdig historie om, at hun havde fundet tørverester i et af de andre fattiglemmers natpotte den morgen, hvor ildspåsættelsen skete. Natpotten tilhørte Jens Peder Andersen Dyhr, som stak af fra fattiggården den ene gang efter den anden og i det hele taget opførte sig underligt, og som derfor nemt kunne mistænkes for at ville brænde gården af. Man kan også spekulere på om en 15-årig pige med en omtumlet opvækst, og sikkert meget lidt skolegang, ville kunne tænke så langt som til at vente til gården havde bagedag. Mon ikke hun bare spontant ville have grebet den første mulighed for at starte en brand? Hvis det virkelig var lykkedes at sætte ild i gården, havde bageovnen sandsynligvis fået skylden, og forbrydelsen ville aldrig være blevet opklaret.

Også i 1888 tog dommeren hensyn til anklagedes alder og tidligere generalieblad, så Trines anholdelse blev ikke opretholdt, men opholdet i arresten fra kl 12.30 til 14.30 havde jo også været nok til at få en tilståelse ud af hende. Den 19. maj 1888 måtte hun møde i Lysgård-Hids herredsret og modtage sin dom.

"Aar 1888 den 19 Maj blev ved Extraret i Sagen No 4/1888, Aktor mod inger Kathrine Petersen afsagt saalydende Dom:

Under nærværende Sag, hvorunder Inger Kathrine Petersen tiltales for Ildspaasættelse, er det ved hendes egen Tilstaaelse, der stemmer med det i øvrigt Fremkomne, oplyst, at hun, som med sin Moder var indlagt paa Grønbæk-Svostrup Fattiggaard i Grauballe, Lørdag den 3 Marts 1888 om Morgenen i den Hensigt ved Fattiggaardens Brand at befri sig for sit Ophold der, bar nogle Gløder i en Ildskovl fra Fattiggaardens Bryggers over i det kun ved lidet Mellemrum derfra adskilte Tørvehus, hvis Dør stod Aaben, lagde Gløderne ved et Par Tørv, som hun sammenstablede, [x]) se nedenfor ...tilstødende i en Tørv

For det nævnte Forhold vil Tiltalte, der er født den 31 Januar 1873 og ikke vides forhen straffet, være at anse efter Straffelovens § 281 jfr § 46 og 37 med en straf, der efter samme Lovs § 21 findes at burde sættes til Fængsel paa sædvanlig Fange-Kost i 20 Dage. Derhos vil hun have at udrede Aktionens Omkostninger, derunder Salær til Aktor 12 Kr og til Defensor 10 Kr.

[x]) og anlagde en Tørv ovenpaa Gløderne. Derpaa gik hun tilbage til Bryggerset, uden at hendes Færd var bleven bemærket af Fattiggaardens øvrige Beboerer, der vare oppe. Den af Tiltalte anstiftede Ild blev opdaget og slukket uden at have foraarsaget anden Virkning, end at fremkalde en ringe Glødeild i en Tørv. Den befalede Sagsførelse har været lovlig.

Thi kendes for Ret, Tiltalte Inger Kathrine Petersen bør hensættes i Fængsel paa sædvanlig Fangekost[10] i 20 Dage. Saa bør hun og udrede Aktionens Omkostninger, derunder Salær til Aktor Sagfører Romme 12 Kr og til Defensor Prokurator Kjær 10 Kr. At efterkommes under Adfærd efter Loven."

Man må sige, at Trine nu var længere væk fra at få opfyldt sit ønske om et liv udenfor fattiggårdens mure, end hun nogen sinde havde været. De 20 dages fængsel havde hun nok gerne byttet væk for 20 dage på fattiggården, og oveni skyldte hun 22 kr for retssagen; et beløb, som i vore dage ser latterligt ud, men i 1888 svarede det til flere måneders løn for en tjenestepige. Til hendes store held blev ilden opdaget og slukket inden der skete en skade, som hun jo ellers også havde skullet erstatte. 8. juni 1888 blev Trine, 15 år gammel, indsat i Kjellerup Arrest, for at afsone 20 dage for forsøg på brandstiftelse.

Trine fik nu, på en måde, sit ønske om at slippe væk fra fattiggården opfyldt ikke så længe efter.

1. maj 1889 kom hun i en slags tjeneste hos Anders Byriel på Borupholm. Der var hun indtil i 1891, hvor hun, 18 år gammel, blev sendt tilbage til sit fødesogn, Vindum. I 1899 dukkede hun igen op i Grønbæk-Svostrup kommune, måske for at besøge sin mor. Hun var gravid og skulle snart nedkomme, men sognerådet ekspederede hende tilbage til Vindum. Hendes videre skæbne kendes ikke.

Trines mor, Ane Marie Christensen, tilbragte endnu nogle år på Grauballe Fattiggård, inden hun i 1897 fik tjeneste i Iller i Grønbæk sogn og derved også slap ud fra fattiggården.

Den gale kontorist

-Jens Peder Andersen Dyhr

Den beboer på fattiggården, som er nævnt flest gange for at have overtrådt reglerne, er Jens Peder Andersen Dyhr. Han var født i Asmildgårde i Svostrup sogn i 1844, søn af Anders Nielsen Dyhr og dennes tredje hustru, Ane Mortensdatter. Hans familiebaggrund var temmelig kaotisk, og det er sandsynligt, at det påvirkede Jens Peders liv i negativ retning.

Jens Peders far, Anders Nielsen Dyhr, var født 1801 på Annexgården i Svostrup. I 1832 giftede han sig med den jævnaldrende Mette Marie Jensdatter Louring og fik gennem ægteskabet foden under eget bord, idet han overtog svigerforældrenes ejendom i Asmildgårde.

Ægteskabet blev dog ikke langvarigt, for Mette Marie døde allerede 10 måneder senere i barselsseng. Barnet, kaldet Mette Marie efter sin afdøde mor, overlevede, og knap et år senere giftede Anders Nielsen Dyhr sig med Ane Marie Nielsdatter. Også dette ægteskab blev kort; Anders og Ane Marie fik to sønner, Søren og Niels, født i 1835 og 36, men i november 1839 døde Ane Marie Nielsdatter af tyfus.

Nu stod Anders med tre små moderløse børn på henholdsvis 1, 4 og 7 år, så han måtte hurtigst muligt finde sig en ny kone. 1840 giftede han sig så med Ane Mortensdatter fra Tvilum. Sammen fik de børnene Morten, Jens Peder, Maren og Mette. Morten døde allerede i 1855, knap 13 år gammel, Maren og Mette døde nogle få år senere. I 1857 flyttede familien til en ejendom på Gjern Mark, men i 1862 købte den ældste søn, Søren, barndomshjemmet tilbage, og i slutningen af 1860erne flyttede Anders Nielsen Dyhr og Ane Mortensdatter tilbage til ejendommen i Asmildgårde på aftægt.

Jens Peders barndom var, efter hans eget udsagn, ikke nem. Hans mor var *"overspændt, hidsig og sær"*, som der står i Jens Peders journal fra Viborg Sindssygeanstalt, og forældrene levede *"ulykkeligt, under stadig kiv og skænderi"*. Jens Peder mente selv, at de uheldige forhold i hjemmet, havde haft en skadelig virkning på ham, men trods alt klarede han sig ganske godt i sin barndom. Han var dygtig i skolen og havde sognepræstens bevågenhed. Jens Peder fik plads hos prokurator Zielian i Silkeborg som kontorist og besluttede at uddanne sig til jurist, men efter et par år begyndte han at skeje ud og fik ikke taget sin eksamen.

Under krigen i 1864 meldte han sig som frivillig og tjente i forstærkningen. Efter militærtjenesten blev han den 1. november 1866 ansat som politibetjent i København, men i december 1868 begærede han sin afsked, hvorefter han igen fik ansættelse som kontorist, denne gang hos prokurator Vilhelm Rode, som var en særdeles velrennomeret sagfører i København. Hans karriere hos Vilhelm Rode fik dog en brat ende efter et års tid. Jens Peder kom i dårligt selskab, bedragede sin arbejdsgiver for flere hundrede rigsdaler og i november 1872 havnede han på Tvangsarbejdsanstalten ved Sakskøbing, hvor han tilbragte de næste 3½ år.

Mens Jens Peder var indsat på Tvangsarbejdsanstalten, begik hans far selvmord ved hængning. Om det var en medvirkende årsag til, at Jens Peder i perioder var melankolsk, er ikke til at sige, men ud over melankolien ser det ud til at han trivedes ganske godt. Hans opførsel var eksemplarisk, og han slap for tvangsarbejdet og fik lov til at lave kontorarbejde i stedet.

I maj 1876 vendte han tilbage til København. Han havde ingen arbejde og turede rundt mellem diverse værtshuse og klarede dagen og vejen ved plattenslageri og tiggeri. Han henvendte sig personligt til den daværende udenrigsminister, baron Ditlev Rosenørn-Lehn, som han formodentlig kendte til fra sin tid på arbejdsanstalten ved Sakskøbing[11], og fik snakket sig til tyve kroner i understøttelse, som han dog øjeblikkeligt formøblede på en ny tur rundt på værtshusene. I perioden fra maj til oktober 1876 blev han to gange indlagt på Kommunehospitalet med depression, søvnløshed, angst, hallucinationer og selvmordstanker, og i oktober blev han overført til sindssygeanstalten i Aarhus, hvor man betegnede ham som *"åndeligt reduceret, uden energi og kun af ringe brugbarhed i livet"*. Efter et havt år blev han udskrevet.

I sin tid på Tvangsarbejdsanstalten ved Sakskøbing, havde Jens Peder åbenbart gjort indtryk, for efter opholdet på sindssygeanstalten i Aarhus, prøvede både udenrigsminsteren, Ditlev Rosenørn-Lehn, og inspektøren på tvangsarbejdsanstalten at hjælpe ham. Rosenørn-Lehn gav Jens Peder 100 kr til nyt tøj, på den betingelse, at han ikke selv havde rådighed over pengene, og inspektøren gav ham et job som kontorist på tvangsarbejdsanstalten. Hans gamle arbejdsgiver, Vihelm Rode, støttede ham også, men efter et halvt år var han så umedgørlig, at han igen måtte indlægges. I Aarhus havde de ikke plads til ham, så han kom på Kommunehospitalet i København og efter et par måneder på der blev han sendt hjem til Grønbæk-Svostrup Kommune og "sat i pleje" hos sognerådsformanden. Det varede dog ikke længe inden Jens Peder stak af, og nu flakkede han rundt i landet et par år, indtil politiet i foråret 1879 bragte ham hjem, og sognerådet placerede ham på tvangsarbejdsanstalten i Horsens. Den 10. juni 1880 blev Jens Peder så indskrevet på den nye fattiggård i Grauballe. Han medbragte 1 sæt gangklæder og noget undertøj til en sammenlagt værdi af 16 kr.

De første år på fattiggården deltog han i det daglige arbejde, i februar 1883 holdt han endda skole med de små børn, men længere henne i forløbet nævnes han næsten kun for sine undvigelser. Han ønske om at komme væk må have været stort, for han blev fysisk mere og mere handicappet og kunne ikke gå uden stok.

Fattiggårdens dagbog taler sit tydelige sprog om, hvor svært det var at holde styr på Jens Peder. Han forlod gården uden tilladelse utallige gange, og bestyreren måtte hente ham hjem igen og igen, ligesom han flere gange blev transporteret tilbage af politiet. Hans undvigelser resulterede i flere ophold i diverse arresthuse for løsgængeri, som f. eks. i 1892, hvor han tilbragte en uges tid i Vejle arrest. I løbet af de 13½ år han boede på fattiggården nævnes det over 30 gange i dagbogen, at han er stukket af. Han nåede næsten landet rundt på sine "udflugter"; Varde, Kolding, Skanderborg, Svendborg, Horsens, Vordingborg, Ålborg, Thisted, Ebeltoft, Viborg, Randers, Aarhus, Vejle, Herning, Brædstrup m.fl. og derudover hjem til Asmildgårde og andre steder i nærområdet. Han var altid misfornøjet og skældte ud, nogle gange var han voldsom og fuldstændig ustyrlig. Han samlede sten, som han gemte i sin seng og kastede efter de andre fattiglemmer, og i perioder gik han rundt med et stykke reb om halsen og truede med at hænge sig. Han gjorde dog aldrig alvor af selvmordstruslerne, men blev rasende, hvis nogen prøvede at tage rebet fra ham. Han tilbragte det meste af tiden i sin seng med alt tøjet på, og man måtte anvende magt for at få ham til at skifte tøj.

Den 1. juli 1892 kom en læge til fattiggården, for at undersøge Jens Peder for sindssyge. Han ønskede selv at blive indlagt på en sindssygeanstalt, for at komme væk fra fattiggården, og han anså selv sin sygdom for uhelbredelig.

Sognerådet søgte med lys og lygte efter en plads til ham på en sindsygeanstalt, men der var hverken plads til ham i Viborg, Aarhus eller Middelfart, så han kom på venteliste og bestyrerparret på Grauballe Fattiggård måtte beholde ham endnu 1½ år, før han, den 18. januar 1894, kunne overføres til anstalten i Viborg. Der tilbragte han de sidste seks år af sit liv, indtil han, den 22. februar 1900 kl 11 om formiddagen, sov stille ind.

Sindsygehospitalet skrev til sognerådet i Grønbæk-Svostrup, at såfremt man ikke hentede hans lig, ville han blive begravet i Viborg; pris 48 kr. Som man kan se i fattiggårdens dagbog den 27.februar 1900, hentede bestyreren ham hjem til Svostrup, hvor han blev begravet. At han blev hentet hjem, kunne give en den ide, at der dog var nogen, som havde omsorg for ham og ønskede, at han blev begravet sammen med sin familie. Men eftersom prisen for hans begravelse i Svostrup kun var 22 kr, handlede det nok mere om udgifterne til fattigvæsnet, end det handlede om følelser.

Den forladte hustru

-Frederikke Christensen

Frederikke Christensen var født i 1856 i Vejlby som uægte barn af murermester Christoffer Otto Willumsen Schaltz og pigen Kirsten Marie Pedersdatter. I kirkebogen har præsten noteret, at Kirsten Marie var i besiddelse af et brev fra Christoffer, hvor han vedstod sig faderskabet til Frederikke, så formodentlig har hun ikke skullet kæmpe for at få bidrag til den lille pige.

I 1880 stod Frederikke i samme situation som moderen; hun ventede barn med en mand, hun ikke var gift med, og som enten ikke ville giftes med hende, eller også ville hun ikke have ham . Frederikke havde imidlertid mødt Johan Jensen, og da hendes lille dreng, Jens Peder, var en måned gammel, blev Frederikke og Johan gift og et par år senere flyttede de til Flensborg, hvor de efterfølgende fik børnene Marinus og Alma Dorthea Laurette.

Det kunne lyde som en historie, der startede skidt og endte godt, men fem år senere slog lynet ned, og Frederikkes tilværelse blev vendt helt på hovedet. Den 14. april 1888 forlod Johan sin familie uden at sige farvel til hverken kone eller børn og stak af med sin elskerinde. En måned senere modtog Grønbæk-Svostrup sogneråd en skrivelse fra Ørsted sogneråd, der i sognerådspro-

tokollen er refereret på følgende måde:
" 14. Skr. af 8. maj fra Ørsted Sogneråd med Afhøring over Johan Jensens Kone med oplysning om at han, der boede i Flensborg, er rømt fra Konen til Amerika med et andet Fruentimmer, med hvem han i længere Tid har stået i et utilladeligt Forhold. Johan Jensens Kone har derefter bosat sig i Ørsted hos sin Familie, der spørges om hun erkjendes forsørgelsesberettiget her, da de bleve gifte i 1881, fik Manden Attest fra herværende Sogneråd om, at han var forsørgelsesberettiget her."
Sognerådet besluttede sig til at anerkende Frederikke Christensen, som forsørgelsesberettigede i Grønbæk-Svostrup kommune, og den 15. juni 1888 ankom hun, gravid i sjette måned, med sine tre børn, Jens Peder på syv år, Marinus på fem år og Alma Dorothea Laurette, som var to år gammel, til fattiggården i Grauballe.

Ud over børnene medbragte Frederikke familiens indbo og hendes bortløbne mands overfrakke og et par af hans bukser, som han åbenbart ikke havde fået med i farten. Listen over Frederikkes ejendele er lang. Man kan ikke sige, at familien var fattig; der er både symaskine, stueur og barnevogn, kopper, tallerkener, knive, gafler og gryder og potter og pander og sågar gardiner. Frederikkes garderobe bestod af tre kjoler, fire skørter, seks par strømper, fire stk linned, tre nattrøjer, tre livstykker, en kåbe, tre hatte, to sjaler, et strikket tørklæde, seks forklæder, et par støvler og et par træsko. Børnene havde også flere sæt tøj og både sko og træsko, så det var ikke noget helt almindeligt fattiglem, der kom til gården; de fleste fattiglemmer havde nærmest kun det tøj, de havde på ved ankomsten. Mon ikke Frederikke ville have foretrukket, at blive hos familien i Ørsted, og de næste år af hendes liv ville nok have været nemmere, især for børnene, hvis Grønbæk-Svostrup sogneråd ikke havde insisteret på, at hun skulle være på fattiggården.

Frederikke og hendes børn tilbragte et par år på Grauballe Fattiggård. Den yngste, Johanne, som blev født på fattiggården, døde to et halvt år gammel og kort efter flyttede den lille familie til Silkeborg. Frederikke havde svært ved at klare sig alene med børnene og måtte ret hurtigt søge om hjælp. Hun fik tildelt otte kroner om måneden i understøttelse, men kort efter blev hun indlagt på sygehuset og børnene måtte sættes i pleje på den nedslidte og temmelig uhumske fattiggård i Silkeborg, indtil hun igen kunne tage vare på dem.

Et års tid senere bad hun Grønbæk-Svostrup sogneråd om, at tage drengene i pleje på Grauballe Fattiggård, fordi hun ikke kunne forsørge dem. Marinus tog hun hjem igen et halvt år efter, Jens Peder kom formodentlig ud at tjene. Omkring samme tid var der endelig kommet gang i Frederikkes skilsmissesag. Hverken Frederikke eller hendes svigerfamilie i Svostrup sogn havde set eller hørt noget til Johan, siden han forlod familien, så det var ikke så lige til for hende at blive skilt fra ham. Hun engagerede prokurator Jacoby i Randers til at føre sagen, og sognerådet i Grønbæk-Svostrup kommune indvilgede i at hjælpe med at betale regningen. I forbindelse med skilsmissesagen blev sognerådet bedt om at udtale sig om Frederikkes vandel og de erklærede at
"Johan Jensens kone, Frederikke Christensen, fra midt i Juni 1888 og til efteråret 1890 har opholdt sig på Kommunens Fattiggård, at hun anses for at have ført et hæderligt og retskaffen og

sædelig Vandel".

Den 6. september 1892 blev Frederikke og Johans ægteskab endelig opløst ved nedenstående dom i Rougsø Herreds ret:

"Dom I sagen No. 1/1892: Frederikke Christensen af Løndal Kontra Johan Jensen

Til erhvervelse af Skilsmissedom Under nærværende Sag søger Citantinden[12], Frederikke Christensen af Løndal, ved sin beskikkede Sagfører det imellem hende og Indstævnte Johan Jensen under 22. Febr. 1881 indgaaede Ægteskab ophævet ved Dom, og har hun i dette Øjemed anført, at hun, efter at have levet sammen med sin Mand her i Landet sidst i Veilby By, Sønderhald Herred, den 14. April 1883 sammen med ham forlod Landet og bosatte sig i Flensborg, hvor de boede sammen indtil han den 14. April 1888 forlod hende, uden at han i forvejen havde taget Afsked med hende og Børnene, og uden at hun paa sin Side havde givet ham Anledning til Rømningen. Han havde i den sidste Tid før sin Bortreise staaet i utilladeligt Forhold til et andet gift Fruentimmer, som drog med ham, da han forlod Flensborg, for, over Esbjerg formentlig, at begive sig til Amerika. Hvor Manden nu er, ved Citantinden ikke, idet hun ikke har set ham eller hørt fra ham siden han reiste. Disse Forklaringer har Citantinden bekræftet med Eed, og hun har derhos ført tvende mænd fra Veilby som Vidne paa, at hun og Manden have opholdt sig der i ordentlig Samliv indtil April 1883, hvorhos hun endelig har fremlagt Attest fra sin Forsørgelseskommune heri Landet – hvor hun har opholdt sig fra Juni 1888 – for at hun der har ført en sædelig og ulastelig vandel.-

Paa Grundlag heraf paastaar hun nu, efter at hun ved offentlig Stævning hertil Retten, som er indrykket 3 Gange i Berlingske Tidende og Stiftsavisen, har indkaldt den bortværende Ægtefælle, Ægteskabet mellem dem ved Dom ophævet i Henhold til Reglen i D. L. 3 – 16 – 15 – 2, hvorhos der endelig paastaaes tillagt Citantindens beskikkede Sagførere Salær og Godtgørelse for Portoudgifter 1 Kr 48 Øre.

Den indstævnte Ægtefælle er ikke mødt, men har den for ham beskikkede Forsvarer dels gjort gjældende, at Sagen ikke burde have været anlagt ved nærværende Ret, idet den Bortblevnes sidst bekjendte Værneting her i Riget var Esbjerg, dels at Stævningen i Henhold til Reglen i Frdng 29. Mai 1750 idet mindste burde have været forkyndt i Esbjerg, hvorfor han principaliter paastaar Sagen afvist. Subsidiært har han for den fraværende Ægtefælle gjort gældende, at Omstændighederne ved Mandens Bortreise ikke under Sagen ere saaledes oplyste, at der paa Grundlag heraf kan gives Skilsmissedom, hvorfor han paastaar Indstævnte Frifunden og Citantinden paalagt Sagens Omkostninger, derunder Salær til ham og til Prokorator Bjerregaard i Horsens som beskikkede sagførere for Manden, hvilke Salærer han i hvert fald paastaar udredet af det Offentlige.-

Idet der nu ikke kan gives Indstævnte Sagfører Medhold i, at Stævningen burde have været udtaget til en anden Ret, eller at Indstævningen lider af Mangler, kan den nedlagte Afvisningspaastand ikke tages til Følge, og da det heller ikke kan erkjendes, at Sagen fra Citantindens Side er Mangelfuld oplyst, vil der være at give Dom efter den af Citantinden nedlagte Paastand. I Salær tillægges der Citantindens beskikkede Sagførere Prokurator Jacoby i Randers 20 Kr og Sagfører Hammer i Silkeborg 8 Kr samt Prokurator Jacoby som Godtgørelse for Portoudlæg 1 Kr 48 Øre, medens der i Salær tillægges Indstævntes beskikkede Sagførere Canceliraad Bredstrup i Randers 15 Kr og Prokurator Bjerregaard i Horsens 8 Kr, hvilke Beløb udredes af det Offentlige.- Sagførelsen har været forsvarlig. –

Thi kjendes for Ret: Det mellem Johan Jensen og Frederikke Christensen, Sidstnævnte nu af Løndal, under 22. Febr. 1881 indgaaede Ægteskab ophæves.

I Salær tillægges der Citantindens beskikkede Sagførere, Prokurator Jacoby i Randers, 20 Kr, og Sagfører Hammer i Silkeborg, 8 Kr og Indstævntes beskikkede Sagførere Canceliraad Bredstrup i Randers 15 Kr og Prokurator Bjerregaard i Horsens 8 Kr, hvorhos der tillægges Prokurator Jacoby en Portogodtgørelse af 1 Kr 48 Øre hvilke Beløb udredes af det Offentlige.-
Fremlagt og afsagt i Rougsø mfl. Herreders ordinære Ret den 6. September 1892"
Frederikke åndede sikkert lettet op, og det ser ud til, at heldet alligevel tilsmilede hende til sidst, efter alle de kvaler hun havde været igennem. Da ægteskabet blev opløst, havde hun allerede mødt sin kommende mand, Niels Peder Nielsen, og året efter giftede de sig i Hylke kirke.

Frederikke fik tre døtre i ægteskabet med Niels Peder Nielsen. Det var dog ikke helt slut med prøvelserne, for den yngste pige, født i 1903, levede kun kort, og Frederikke måtte endnu engang gå den tunge gang til kirkegården med en lille datter. Frederikke døde 1912 i Veng sogn, kun 56 år gammel.

Hvad der blev af Johan Jensen og hans kæreste, har det ikke været muligt at finde ud af. Det nærmeste jeg er kommet er, at jeg har fundet en dansker ved navn Johan Jensen med en tysk hustru i Perth Amboy, Middlesex, New Jersey. Han var født samme år som Frederikkes mand og ankommet til USA i 1888. Hans tyske hustru ankom dog ikke samme år, så måske er det slet ikke ham. Måske rejste han slet ikke til Amerika, men lod bare et rygte sive ud, så myndighederne holdt op med at lede efter ham.

En familie i opløsning

-Familien Glatved

Den 13. jan 1904 hentede fattiggårdsbestyrer Anders Kristian Nielsen den 9-årige Jacob Glatved på banegården i Silkeborg. Den lille dreng havde formodentlig rejst den lange tur med tog og færge fra København til det mørke Jylland helt alene. En tur, som på det tidspunkt tog et døgns tid. Om han havde været i Jylland før, er ikke til at vide, men hans fars familie kom fra Ans i Grønbæk sogn, så måske havde han været på besøg der tidligere. Uanset om han havde været i Jylland før eller ej, må det have været en skræmmende oplevelse for den lille dreng at blive sendt til den anden ende af landet, for at bo hos nogle mennesker han aldrig havde mødt før.

Årsagen til, at den lille Jacob nu skrumplede afsted i fattiggårdens vogn på vej mod Grauballe, var, at hans familie nærmest var gået fuldstændig i opløsning, så Magistraten i København var blevet nødt til at *"tage hånd om"* ham, som der står i en skrivelse stilet til Grønbæk-Svostrup sogneråd.

Jacobs forældre, handelsagent Andreas Casper Glatved og Theodora Margrethe Jensine Borch, blev gift på Københavns Rådhus i 1893, og et par år senere fik de sønnen Jacob. Ægteskabet var åbenbart ikke vellykket, for allerede i 1898 flyttede Theodora. Om hun tog sønnen med sig, har jeg ikke kunnet finde ud af, men det gjorde hun sandsynligvis, for i 1900 havnede hun i en husvildebolig, og den lille Jacob kom i pleje hos Theodoras lillesøster, Laura Sofie Vilhelmine Borch, som sjovt nok var gift med Theodoras mands storebror, Jacob Glatved. Det var ikke kun for Theodora at tingene gik ned ad bakke; Andreas var også i problemer. I 1899 fik han et uægte barn. Han kunne ikke betale bidraget og blev idømt fængsel på vand og brød, og efterfølgende måtte han søge hjælp til huslejen.

I 1902 blev parret separeret:

"Overpræsidiet i Kjøbenhavn Gjør vitterligt: At da Handelsagent Andreas Kasper Glatved for mig har andraget at han ej længere kan leve i Fællig med sin Hustru Theodora Margrethe Jensine, født Borch, formedelst deres Gemytters Uoverensstemmelse og desaarsag har anholdt om Tilladelse til at leve adskilt fra hende i Henseende til Bord og Seng, saa har jeg efter at Bestemmelserne i Forordningen af 18. Oktober 1811 og 30. April 1824 Paragraf 18 ere opfyldte, K.M. Lov 13. April 1851 § 12 i Overensstemmelse med Forordningen af 23. Maj 1800 dens 5te Paragraf bevilget, at bemeldte Ægtefolk maa leve separerede fra hinanden paa følgende Vilkaar:

1. Formuefællesskabet hæves

2. Hver af Ægtefællerne beholder af Boet, hvad der for Tiden er i Vedkommendes Besiddelse.

3. Deres Barn, Jacob, f. 8. Mai 1895, undergives Mandens Myndighed og forsorg, hvorhos han forpligter sig til at yde Bidrag til Hustruens Underhold efter Øvrighedens Bestemmelse.

Det bemærkes derhos i Overensstemmelse med det Kongelige Danske Kancellis Skrivelse af 31te August 1815, at denne Separationsbevilling ikke hjemler ovenanførte separerede Ægtefolk Ret til at indgaa andet Ægteskab. Kjøbenhavn den 24 Marts 1902"

De næste år fortsatte Andreas med at have økonomiske problemer; han betalte ikke det hustrubidrag som Theodora var blevet tilkendt, så pantefogden kom på besøg, blot for at konstatere, at der ikke var noget at hente.

"Udskrift af Kongens Fogeds Protokol i Kjøbenhavn

Aar 1902, den 12. Aug mødte paa Kongens Fogeds Kontor Andreas K. Glatved, der ifølge Kongens Fogeds

Kjendelse af 30/7 1902 og den til Grund for samme liggende Separationsbevilling og Skrivelse fra Lysgaard m.fl. Herreder af 29/7 og 5/8 1902 skylder 30 Kr i Bidrag til sin fraseparerede Hustru for 3 Mdr. til 24. Juli 1902 og 66 Øre i Forkyndelsesgebyhr. Efter at have erklæret sig enig i Forretningens Afholdelse her paa Kontoret i dag, blev der af undertegnede Assistent paa Kongens Fogeds Vegne i Overensstemmelse af nedennævnte Vidner afæsket ham det skyldige Beløb, men han svarede, foreholdt Concurslovens § 167, at han ej kunde betale dette og Intet ejede til Gjenstand for Udlæg paa sin Bopæl, Møllegade 8 A, hvorefter Forretningen blev afsluttet."

Theodoras helbred var dårligt, og hun kunne ikke forsørge sig selv. Hun blev først indlagt på Skt. Johannesstiftelsens Arbejdshus i København, derefter blev hun sendt til fattiggården i Grauballe, hvor hun dog kun opholdt sig et halvt år, inden hun rejste tilbage til København. Den 22.

maj 1903 blev hun indlagt på Kommunehospitalet i København med tarmslyng og døde næste dag.

Andreas forsøgte at klare dagen og vejen ved at tage hyre på et skib, men det gik ikke for godt; i august 1903 strandede han i Frederikshavn, og Grønbæk-Svostrup Kommune måtte betale hans billet tilbage til København.

Sønnen Jacob opholdt sig, mens alt dette foregik, hos sin moster og farbror og havde forhåbentlig en nogenlunde tryg opvækst der, men januar 1904 var det slut med trygheden; farbroderen, Jacob Glatved, blev indlagt på Skt. Hans Hospital, og myndighederne måtte overtage ansvaret for den niårige Jacob, da hverken hans moster eller hans far kunne forsørge ham. Magistaten i København henvendte sig til Grønbæk-Svostrup kommune, hvor familien Glatved var forsørgelsesberettiget, og kort tid efter blev lille Jacob sat på toget til Jylland. Efter tre måneders ophold på Grauballe Fattiggård kom han i pleje hos husmandsparret Laurs og Ane Margrethe Nielsen i Roe i Grønbæk sogn.

Om Jacob nogensinde så sin far igen, har det ikke været muligt at finde ud af. I 1906 rejste Andreas til Jylland og opholdt sig der et års tid. Måske besøgte han sin søn - måske havde han egentlig tænkt sig at tage ham med hjem - det er ikke til at vide, men to år senere døde Andreas i København, 45 år gammel. Jacob blev boende i Jylland og voksede op hos plejefamilien i Grønbæk.

En pige med ondt i livet

-Ane Johanne Marie Jacobsen

Ane Johanne Marie Jacobsen var knap 18 år, da hun første gang blev indskrevet på Grauballe Fattiggård den 12. januar 1899. Det har ikke været muligt at finde ud af, hvordan hendes barndom forløb, men hun har nok ikke haft det så nemt. Hun var epileptiker, og derudover står der i hendes journal fra sindssygeanstalten i Viborg, at hun altid havde haft *"dårlige evner og en uredelig karakter; tilbøjelighed til at stjæle"*. Det antydes også, at hun var promiskuøs. Hendes forældre var flyttet til Odder, men da hun var født i Svostrup sogn, var det Grønbæk-Svostrup Kommune, som havde forsørgelsespligt over hende, og derfor var det Grauballe Fattiggård, som skulle huse hende.

Grunden til at hun blev indskrevet på fattiggården var nok, at myndighederne simpelthen ikke anede, hvad de skulle stille op med hende. 16 år gammel stiftede hun i august 1897 første gang bekendtskab med en fængselscelle i Odder Arrest, hvor hun de næste par år skulle blive en kendt "gæst". Hun var blevet dømt for bedrageri, men da hun også havde haft et *"utugtigt levned"*, sørgede herredsfoged Nanke i Hads Herred for, at hun, efter få dage i arresten, blev sendt på Magdalenehjemmet[13] i Lyngby ved København, hvor de dog ret hurtigt måtte opgive at holde styr på hende, og derfor sendte hende tilbage til Jylland. Allerede i november 1897 sad hun igen i Odder Arrest, denne gang for tyveri. Dommen lød på seks uger på almindelig fangekost. I løbet af de næste fire år fik hun yderligere fem straffe for tyveri og "gæstede" flere midtjyske arresthuse i kortere eller længere tid. Ind imellem var hun tilbage på fattiggården i Grauballe, men hun kom og gik nærmest som det passede hende. Den 5. august 1901 sendte Grønbæk-Svostrup sogneråd følgende henvendelse til herredsfogden i Kjellerup:

"Anmodes om at Lade Ane Johanne Marie Jakobsen af Grauballe Fattiggaard eftersøge ved Poli-

tiets Bistand og derefter idømt Tvangsarbejde i Henhold til Fattiglovens § 41, for om dette ikke kunde belære hende om, at det er bedre, at vise lydighed en Opsætsighed."
Opholdet på tvangsarbejdsanstalten blev dog aldrig til noget, for en måneds tid efter blev hun igen arresteret og nu var det slut med at "hygge" sig i de lokale arresthuse. Ane Johanne Marie blev idømt 1 års forbedringshusarbejde.

Billede 16: Ane Johanne Marie Jacobsen
(Foto: Christianshavns Kvindefængsel 1921)

I november 1902, kort efter sin løsladelse, dukkede hun igen op på Grauballe Fattiggård, men kun for en kort bemærkning. Efter at være stukket af et par gange fik hun tjeneste på Frausinggård. Det varede imidlertid ikke mange dage, før hun også stak af derfra iført huslærerindens overtøj, som hun havde stjålet. Men det blev ikke ved det; på vejen stjal hun også et ur fra nogle bekendte, som hun var på besøg hos. Uret solgte hun for at få penge til en togbillet, men få dage efter klappede fælden. Hun blev endnu engang arresteret, og denne gang idømt 14 måneders forbedringshus, som hun afsonede i Kvindefængslet på Christianshavn. Af kvindefængslets skoleprotokol kan man se, at Ane Johanne Marie både kunne læse, skrive og regne, så helt dårlige var hendes evner altså ikke. Under afsoningen var hun flere gange indlagt på sygeafdelingen på grund af epilepsi. Fængslets læge havde ikke særlig høje tanker om hende; han gik så vidt, som til at kalde hende et *"degenereret Individ, der led af epilepsi, havde kleptomane tilbøjeligheder og ikke kunde klare sig selv paa fri Fod".*

Der er dog ikke tegn på, at hendes *"kleptomane tilbøjeligheder",* bragte hende i uføre i fængslet, for hun blev ikke idømt nogen disiplinære straffe; et døgn eller to i mørkecelle var ellers en meget udbredt straf, som fangerne blev idømt for selv små forseelser.

Efter at have udstået sin straf blev hun af Fængselsselskabet anbragt på epilepsikolonien Filadelfia ved Dianalund, hvor hun opholdt sig i tre måneder. Ved udskrivelsen derfra, 20. september 1904, bad ejeren af stedet, Dr. Sell, indtrængende sognerådet i Grønbæk-Svostrup Kommune om at sørge for, at hun blev indskrevet på en institution for bestandig, da det *"var bedst tjenlig både for hende og for samfundet".* I første omgang blev hun dog hentet hjem til fattiggården i Grauballe. Hun var imidlertid meget urolig og sandsynligvis hårdt ramt af epilepsi; hun fik voldsomme krampeanfald og slog døre og vindue itu. Hun blev indlagt på sygehuset i Silkeborg, hvor hun faldt noget til ro og ikke fik kramper, men hun betegnedes som *"vredagtig, drillesyg og løgnagtig".* Hun stjal ikke, løb ikke væk og var heller ikke aggressiv under sygehusopholdet, men gik oppe og brugte en del af sin tid på at skrive *"meningsløs poesi",* som der står i journalen. Den 6. december 1904 blev hun overført til Viborg Sindssygeanstalt.

I de knap tre år hun var på sindssygeanstalten, ser det ud til, at hun trivedes ret godt. Hun blev rolig og betegnes som flittig og mild. Hun gav selv udtryk for, at hun gerne ville ud og tjene i en plads, og i september 1907 besluttede overlægen at udskrive hende. Han sendte besked til sognerådet i Grønbæk-Svostrup kommune om, at de godt kunne hente hende, men den besked blev ikke modtaget med udelt begejstring. Mens Ane Johanne Marie havde været indlagt i Viborg, var Grauballe Fattiggård blevet nedlagt og erstattet af Svostrup Asyl. De få beboere, som var flyttet med ned på asylet var gamle og plejekrævende, så det var ikke nogen løsning at indskrive hende der. Sognerådet henvendte sig skriftligt til overlægen og prøvede at overbevise ham om, at pigen skulle blive på Sindssygeanstalten.

"Grønbæk-Svostrup Sogneraad Pr. Kjellerup den 17de Septbr 1907

Hr Overlæge Dr. Geile i Viborg

Deres ærede Anmodning af 12de ds. om at afhente Ane Johanne Marie Jacobsen, som den 6de December 1904 blev indlagt paa Sindssygeanstalten for Kommunens Regning, modtaget, og hvoraf det fremgaar, at hun nu er bleven rolig og ikke har haft Krampeanfald i længere Tid, dette er jo nu meget godt for hende; men man tillader sig ærbødigst at forespørge Overlægen om hendes Kleomatiske Tilbøjeligheder ogsaa kan tænkes at være borte? Ellers betvivler man, at hendes Frihed kun bliver af kort Varighed og vil sandsynlig ende med at hun faar Sindssygeanstalten ombyttet med Straffeanstalten, efter en udstaaet Straf i 1904 blev hun af Fængselsselskabet anbragt paa det Epileptiske Hjem "Philadelfia" ved Tersløse pr. Dianalund i 3 Maaneder og hvor undertegnede personlig afhentede hende den 20de Septbr. 1904. Dr. Sell, som Ejer nævnte Anstalt udtalte da, at det der var bedst tjenlig baade for hende og Samfundet var, at hun blev indskrevet i en Anstalt for bestandig, og han bad Sogneraadet indtrængende om at foranledige saadant, hun har 2 Gange været straffet for hendes Tilbøjelighed, og som 15-16 Aar gl. blev hun med Herredsfoged i Odder, Nankes, Bistand anbragt paa Magdalenehjemmet i Kjøbenhavn, hvor di dog ikke

Billede 17: Ane Johanne Marie Jacobsen
(Foto: Viborg Sindssygeanstalt 1906)

den Gang heller kunde styre hende. Kommer hun hjem nu, varer det ikke længe, inden hun deserterer, og saa har vi det gamle Spil gaaende igjen med hende. Man tillader sig derfor ærbødigst og indtrængende at henstille til Overlægens Overvejelse om ikke den forlangte udskrivning kan tages tilbage?
Ærbødigst Jens P. Jensen"
Alle sognerådets argumenter blev dog fejet af bordet, og den 30. september 1907 hentede asylets bestyrer, Anders Kristian Nielsen, Ane Johanne Marie fra sindssygeanstalten i Viborg til asylet i Svostrup. Kort efter rejste hun på en uges besøg hos sine forældre i Odder, som hun formodentlig ikke havde set, mens hun var indlagt.

12. december 1907 forlod hun Svostrup Asyl og rejste til Silkeborg, hvor hun havde fået tjeneste. Hvordan det siden gik hende, ved jeg ikke, for jeg har ikke kunnet finde det mindste spor efter hende. Hun figurerer ikke i Svostrup Kommunes regnskaber for fattighjælp og kommunehjælp efter 1907, og heller ikke i strafferegisteret, så måske klarede hun sig trods alt.

En markedstur med konsekvenser

-Esper Pedersen

Esper Pedersen var 55 år, da han blev optaget på Grauballe Fattiggård i 1886. Udover at han kom til gården, er der ikke nævnt noget om ham i fattiggårdens dagbog før den 8. april 1888; da noterede fattiggårdsbestyreren, at han var taget til marked og udeblevet om natten. Nedenunder er tilføjet: *"Aresteret i Hørup for Mistænkt Ildspaasættelse paa Valtergaard*[14] *i Gjødvad."* Dagen efter, mandag den 9. april 1888, stod følgende i Silkeborg Avis:

"I Gaar Morges nedbrændte totalt den Proprietær Walther tilhørende Ejendom "Dybkjærlund" paa Gjødvad Mark. Kreaturerne og nogle Vogne bleve reddede, men i øvrigt brændte omtrent alt Løsøre. Dette var assureret i "Danmark". Bygningerne i den alm. Brandforsikring for Landbobygninger. Om Aarsagen til Ildens Opkomst vides endnu intet paalideligt."

Det var nu ikke Esper, som i første omgang blev anholdt, men en karl fra Dybkjærlund, som var lidt flosset i kanten. Han sad dog kun få dage i arresten, før han blev løsladt og hans plads indtaget af en tjenestedreng fra gården, som også måtte tilbringe et par dage bag tremmer. Den 12. april 1888 skrev Silkeborg Avis videre om sagen:

"Om Ildebranden paa "Dybkjærlund" meddeles os, at en Karl blev anholdt og underkastet forhør for formèntlig begaaet Uforsigtighed ved Tobaksrygning. Forhøret godtgjorde dog ikke dette, hvorfor Karlen slap fri. Senere skal et Par større Drenge have været underkastet Forhør i lignende Retning. Der er dog intet oplyst om Brandens Opkomst."

Den 18. april var det så Esper Pedersens tur til at komme bag tremmer. Hans tilstedeværelse i området var blevet observeret og en lokal beboer skrev følgende brev, sandsynligvis til sognefogden:

"Gode Ven!

Ved i Dag at Komme til at tale med Kristian Jensen angaaende Branden, sagde han, at Fattiggaardsbestyreren, Joh. Lysdal, i morges tidlig havde set en mistænkelig Person ved den østre Side af Fattiggaarden, han saa henimod Walters Gaard, og sagde, at han kunde ikke forstaa: hvorledes Ilden der var kommen op eller saadan noget lignende. Paa Joh. Lysdals Spørgsmaal om hvor han var fra, svarede han Fra Grauballe Fattiggaard, der havde han været c. ½ Aar. Samme Person skal saa senere være blevet set ved Præstegaarden, hans Klæder vare blodige og hans ene Haand forreven, her blev han set af en af de Folk fra Balle, der i Dag var i Gjødvad Kirke – Han skal i det hele have gjort et mistænkeligt Indtryk, og kunde se ud til at være enten fuld eller fra Forstanden.

Jeg meddeler dig dette, fordi der jo aldeles ikke kunde være noget usandsynligt i, at der kunde være Forbindelse mellem Branden i Resendal og den stedfundne i Dag; i det en saadan Bandit jo særdeles vel kunde være Ophavsmanden og muligen, hvis han ikke bliver paagreben kan han (igjen)???.

Venlig Hilsen S. K. Sørensen"

Esper blev hentet på fattiggården i Grauballe og kørt til arresten i Kjellerup.

Det må have været ret frustrerende for fattiggårdsbestyreren, Mads Christian Christensen, som i forvejen havde fattiglemmet Inger Kathrine Pedersen siddende hjemme på fattiggården, hvor hun ventede på, at blive dømt for sit forsøg på at brænde fattiggården ned. Bestyrerens stakkels kone, der havde et nervøst gemyt, har sandsynligvis været skræmt fra vid og sans, og måske har sagen her været en del af grundene til, at han året efter tog sin afsked fra stillingen som bestyrer på fattiggården.

Espers brøde ser nu kun ud til at bestå i, at han var på det forkerte sted på det forkerte tidspunkt. Efter sin markedstur var han, ifølge politiforhøret, så beruset, at han knap nok vidste, hvor han var. Han vaklede nord på fra Silkeborg i de tidlige morgentimer, faldt flere gange, og beruset, forslået, træt og forkommen søgte han læ i den ulåste svinesti på Rasmus Andersen gård, som lå knap en km fra Dybkærlund. Da retten havde måttet løslade de første to mistænkte, vendte man nu blikket mod Esper. Han var fremmed, fattiglem, fordrukken og i besiddelse af en pibe og en æske tændstikker. Ingen af vidnerne kunne placere ham på Dybkærlund eller umiddelbart i nærheden af gården, men selv den mindste sten blev vendt i forsøget på at finde indicier for, at han kunne have sat ild på gården. Da han ikke selv kunne kaste meget lys over sagen - fordi han kun havde en vag erindring om sin hjemtur fra Silkeborg - så det en overgang ret sort ud for ham.

Ét vidne kom ham dog til undsætning. Rasmus Andersens søn, Anders Rasmussen, vidnede, at han først fik øje på branden ca en halv time efter, at hans mor havde mødt Esper Pedersen i svinestien, og at han ikke mente, at Esper, i sin stærkt berusede tilstand, ville have kunnet nå at gå fra Dybkærlund til hans fars gård, inden branden bredte sig. Efter en måned i arresten, blev Esper Pedersen løsladt.

Om Esper kom tilbage til fattiggården lige efter, at han blev løsladt, har det ikke været muligt at finde ud af, men i august 1892 blev han igen indskrevet på Grauballe Fatiggård. Næste gang han nævnes i dagbogen er den 1. maj 1897, hvor han rejste i tjeneste i Iller, i Grønbæk sogn.

I juni 1900 blev han igen indlagt på fattiggården. Han var nu knap 69 år gammel og for syg til at arbejde. I de næste tre år frem til hans død, omtales han adskillige gange; lægebesøg, medicin og indlæggelse på sygehus både i Silkeborg og Viborg. Den 16. maj 1903 sov han ind på fattiggården og den 21. maj 1903 nævnes hans navn for sidste gang:
"Esper Pedersen begravet ved Svostrup Kirke."

En kvinde med temperament

-Karen Marie Hansen (Lottrup)
Torsdag den 9. november 1882 kørte fattiggårdsbestyreren, Frands Christian Laursen, og hans karl til Vejerslev efter den 38 årige enke, Karen Marie Hansen, og hendes seks børn; Martin 13 år, Mariane 11 år, Godtfred 8 år, Marie 6 år, Cornelius 3 år og Sofie på 1½ år. Med i vognen til fattiggården var også Karen Maries yngste steddatter, Hansine, på 17 år. Karen Marie Hansen, kaldet Lottrup efter sin mand, stenhugger Søren Sørensen Lottrup, havde været enke i 10½ måned. Familien havde boet nogle år i Vejerslev sogn, hvor de havde levet af fattighjælp. Da Søren Sørensen Lottrup var forsørgelsesberettiget i Grønbæk-Svostrup Kommune, blev resten af familien nu, efter hans død, eksporteret fra Vejerslev til Grauballe Fattiggård. Flyttelæsset bestod af 10 stk linned, 5 dyner, 3 puder, vuggetøj, 1 kakkelovn, 1 grubekedel, 3 gryder, 2 pander, 1 spand, 1 balje, bageting, 2 klædeskabe, 2 borde, 4 stole, 1 standkiste, 1 stueur, en del hamre, 1, skovl, 1 greb, 1 hyppejern, 1 slibesten og 3 sæt gangklæder; tilsammen sat til en værdi af 210 kr. Derudover havde børnene lidt undertøj og et sæt gangklæder hver, den yngste havde dog to sæt. Børnenes tøj blev

sammenlagt vurderet til 78 kr.

Når man læser hvad bestyrerne har skrevet i fattiggårdens dagbog om Karen Marie Hansen, kan man ikke rigtig bestemme sig for, om hun var oprørsk og vanskelig, eller om hun bare ikke kunne fordrage at være der. Allerede en måneds tid efter at hun var ankommet, beskrev bestyreren hende som desperat, Et par dage efter ville hun forlade fattiggården, men blev åbenbart overtalt til at blive. I slutningen af januar 1883 blev hun sat i fattiggårdens arrest fire timer, sandsynligvis for at køle af, og i maj samme år skrev bestyreren følgende:

"Foregik der en stor udorden ved Bordet under spisningen, Karen Marie Lottrup, som pleiede at udføre hværvet med at bede til Bordet og fra Bordet, anstillede sig saaledes fordi hindes og en anden af Fattiglemmerne vare kommet i udstand, at hun ikke vidste hvem der skulle udføre det, eller rettere hun vilde ikke. Da en anden saa udførte det i stedet for hinde opstod der en heftig Latter mod den som udførte det og særlig framhæves Karen Marie Lottrup og Marie Borres, som ophavere til denne slette udorden".

I den følgende periode nævnes hun kun i forbindelse med, at hun eller hendes børn er syge. Måske bar bestyreren lidt over med hende på grund af hendes tilstand, for i januar 1884 fødte hun en datter, som fik navnet Olga Margrethe Hansen. Faderens navn er ikke opgivet i kirkebogen, men i sognerådets mødeprotokol nævnes, at Laurs Sjørslev indbetalte 500 kr en gang for alle på sin brors vegne for barnet Olga Margrethe Hansen. En af Laurs Sjørslevs brødre var Christen Andersen Sjørslev, som bestyrede fattiggården i den periode, hvor Karen Marie blev gravid, men om han var faderen, eller det var en anden bror, har jeg ikke kunnet finde ud af. Under alle omstændigheder tyder det på, at det var en lokal skandale, der udløste klager fra borgerne, da sognerådet tre år senere tilbagebetalte 300 kr til Laurs Sjørslev, fordi Karen Marie giftede sig igen, og hendes nye mand dermed påtog sig forsørgelsespligten over lille Olga Margrethe.

I 1885 var hun igen ud til bens. Hun indsendte en klage over både sognerådet og fattiggårdsbestyreren, Mads Christian Christensen, til amtet.

"Fremlagdes *en Klage af 5. Juni fra Søren Lottrup Enke til Stiftamtet i Viborg med Anmodning om at måtte få en anden Bestyrer, herpå svares at Klagen er en overdrivelse og for største Delen ligefrem Usandhed, at Bestyreren og hans Kone ere meget ford(rag)elige og ordentlige Folk der røgter deres Kald med samvittigfuldhed.*

At Klageren er meget ufredsommelig og søger på e(n)hver Måde at sætte Splid både mellem Bestyrer og Lemmer samt disse indbyrdes, hvorfor Sognerådet har vedtaget at søge hende anbragt på Tvangsarbejdsanstalten ved Viborg."

Karen Marie blev sendt til afkøling på Arbejdsanstalten i Viborg i en måned. Svaret fra amtet fik hun, da hun var på vej hjem fra arbejdsanstalten

" Skr. Af 7. Juli fra Stiftamtet i Viborg i Anledning af en af Karen Marie Lottrup dertil indgivet Klage hvori hun besværer sig dels over Bestyreren på Fattiggården og dels over at Sognerådet, der har givet hende tilladelse til at forlade Fattiggården, har nægtet at medgive hende et Skab, svares, at da hendes 5 Børn fremdeles forbliver på Fattiggården, beror det på Sognerådet under

hvilke vilkår det vil lade hende forlade Fattiggården, og da det af Sognerådet er oplys, ,at Bestyreren er en rolig og besindig mand, der røgter sin Gjerning med Samvittighedsfuldhed og Troskab, finder Amtet ingen Anledning til at foretage videre i Sagen, hvilket blev oplæst for Klagerinden...."
Bestyreren havde naturligvis et godt øje til hende efter klagen, så da hun en måneds tid senere var hos lægen, men ikke fejlede noget, blev hun sat i arresten da hun kom tilbage til fattiggården.

Den 11 marts 1887 giftede Karen Marie Hansen sig i Skt. Mortens kirke i Randers med ungkarlen Niels Christian Hansen, som var fjerhandler i Horsens. Hun rejste fra Grauballe med de to yngste børn, Olga og Sofie. Cornelius og Marie efterlod hun på fattiggården, og de ældste børn, Martin, Mariane og Godtfred, som var konfirmerede og ude at tjene, blev også hvor de var. Den ældste søn, Martin, tjente på Grauballegård, og Karen Marie så ham sandsynligvis for sidste gang, den dag hun forlod Grauballe Fattiggård med sit tøj under armen. Han kom syg tilbage til fattiggården og døde den 31. juli 1887.

12. oktober 1887 sendte Grønbæk-Svostrup Kommune en henvendelse til Karen Maries mand med følgende ordlyd:
"Fjerhandler Hansen, Randers, Ny Nørregade 9
De anmodes herved om snarest muligt at ville afhente deres, på herværende Fattiggård værende, Børn, der er fra Beboerne fremkommen flere Klager over dette Forhold, og det vil således ikke kunne vedblive. Dersom De ønsker det, vil Børnene herfra blive befordret til Bjerringbro S. Det bemærkes at Deres afdøde Søns Efterladenskaber her tillige med Børnene vil kunne udleveres Dem."
Brevet fik ikke Karen Marie og hendes mand til at hente børnene, så den 4. januar 1888 henvendte sognerådet sig til Viborg Stiftamt om hjælp:
"Amtets Bistand udbedes til at få Fjerhandler Hansen, Ny Nørregade Randers, tilpligtet til at modtage sin Hustrus på herværende Fattiggård værende Børn til Forsørgelse."
Stiftamtets indblanding hjalp åbenbart, for en måneds tid senere *"begærede Fjerhandler Hansen sine børn til forsørgelse"*, og Cornelius og Marie blev genforenet med deres mor.

Hvad der siden blev af Karen Marie Hansen og hendes børn står hen i det uvisse. Forhåbentlig levede hun lykkelig til sine dages ende, sammen med sin fjerhandler. Hun var ikke den fredeligste beboer på Grauballe Fattiggård, men det var måske netop hendes temperament, som drev hende fremad, så hun ikke bare gav op

Den sidste side i dagbogen

-Thorvald Emil Vang
Thorvald Emil Vang var ikke den sidste gæst på asylet, men han er den sidste, som blev nævnt i dagbogen, da han rejste den 25. april 1921 efter 12 dages ophold.

Thorvald Emils første møde med fattigvæsenets institutioner skete den 19. august 1897 da den 7-årige dreng blev indlagt på fattiggården i Grauballe og kort tid efter sendt i pleje hos en skrædder i Braarup i Grønbæk sogn. Hans forældre var gået fra hinanden og moderen, Mette Marie Vang, måtte opgive at have sønnen hos sig. Otte år senere, i 1905, blev Thorvald Emil igen indlagt på fattiggården, fordi han var syg og havde brug for lægehjælp og medicin, men efter nogle måneder rejste han til Risgården i Grønbæk, hvor han havde fået tjeneste. De følgende år havde han tjeneste forskellige steder, bl.a. som chauffør i Viborg og København, og ind imellem sad han i fængsel, enten for at afsone alimentationsbidrag (han havde flere uægte børn rundt omkring), eller for tyveri og bedrageri.

I januar 1921 havde han slået sig ned hos sin mor, Mette Marie Vang, i Viborg. Hun blev imidlertid hurtigt træt af hans selskab og henvendte sig til politiet for at slippe af med ham. Politimesteren i Viborg henvendte sig derefter til sognerådet i Svostrup Kommune, hvor han var forsørgelsesberettiget, for at få dem til at tage hånd om ham:

"Skr. fra Politimesteren i Viborg, hvori meddeles at Marie Vang har anmodet Politiet om at faa hendes Søn, Thorvald Emil Vang, fjernet fra Hjemmet, da han gaar og driver der og vil ingenting bestille og er ond mod hende. Han bestiller ikke andet end drive om paa Gaden Nat og Dag i Selskab med løsagtige Kvinder."

Sognerådsformanden bad i et brev politimesteren i Viborg om at anbringe Thorvald Emil på fattiggården i Viborg, da Svostrup kommune jo ikke længere havde en fattiggård, og *"det vil være vanskelig for tiden at skaffe en saadan karl en plads eller arbejde"*. Brevet slutter:

"Jeg tænker, at opholdet paa fattiggaarden kun skulde blive af kort varighed, da vi agter at ansøge om at faa ham anbragt paa arbejdsanstalten, han vilde sikkert have godt af en kur der".

Nogle dage senere skrev sognerådsformanden en ansøgning til arbejdsanstalten i Viborg med følgende begrundelse for, at sognerådet ønskede at få Thorvald Emil optaget på anstalten:

"Som det fremgaar af rapporten (politiets rapport), *gaar han og driver og vil ingenting bestille, det samme har lydt i tidligere rapporter vi har modtaget angaaende ham, men da han er en stærk og arbejdsfør person, vilde han det kunde ernære sig selv, blot han havde vilie dertil. Sogneraadet tror derfor at et kort ophold paa arbejdsanstalten vilde kunne forbedre ham, og sogneraadet vilde sætte pris paa at indlægelsen kan ske snarest mulig..."*

Thorvald Emil kom på "kur" på arbejdsanstalten, og derefter blev han indlagt på Svostrup Asyl et par uger. Kuren hjalp dog ikke synderligt, for nogle få måneder senere sad Thorvald Emil i Vridsløselille Forbedringshus, idømt 18 måneder for cykeltyveri. Han må have tænkt tilbage på opholdet på arbejdsanstalten som en ren ferie, ved siden af det han oplevede i forbedringshuset.

Vridsløselille Forbedringshus var indrettet efter det såkaldte Philadelphia-system, som indebar total isolation af fangerne døgnet rundt; alle former for kontakt mellem de indsatte var forbudt. Fangerne tilbragte næsten hele døgnet i cellen, som samtidig var indrettet som værksted med en høvlebænk, en væv eller lignende. Om det så var de fanger, der lavede smedearbejde måtte de sove, spise, gå på toilet osv., i en celle, der var indrettet med esse og ambolt. To gange om dagen fik fangerne en halv times frisk luft i smalle gårde, hvor de også var alene, i skolen og kirken var de indsatte lukket inde i små båse, hvorfra de kunne se læreren eller præsten, men ikke hinanden, og hver gang de færdedes udenfor cellerne skulle de, helt op til 1924, bære maske, for ikke at blive genkendt af deres medfanger. Formålet med isolationen var, at fangerne skulle angre deres synder og forlige sig med Gud. Resultatet af isolationen var, at en del af dem blev sindssyge og måtte indlægges på et psykiatrisk hospital.

Thorvald Emil slap ud fra Vridsløselille Forbedringshus uden at blive sindssyg, men om han var blevet "forbedret" under sit ophold er der ikke noget der tyder på, for nogle år senere fik Thorvald Emil igen en længere dom. Den afsonede han i Horsens Tugthus, der var indrettet efter det såkaldte Auburnske system, hvor fangerne kun var isolerede i cellerne om natten. Om dagen arbejdede de sammen i værksteder, hvilket skulle foregå i absolut tavshed; fangerne måtte ikke på noget tidspunkt tale sammen.

Billede 18: Celle i Horsens Tugthus
(Foto: Dorte Frandsen 2013)

I 1924 havde Thorvald Emil fundet en kvinde i Kalundborg, som han ønskede at gifte sig med. Som modtager af fattighjælp skulle han dog have sognerådets tilladelse for at kunne indgå ægteskab. Han fik ikke tilladelsen, vel sagtens fordi sognerådet i Svostrup ikke var interesseret i at få flere munde at mætte. Det er ikke til at vide om ægteskabet kunne have givet ro og stabilitet i Thorvald Emils tilværelse, men det er nok tvivlsomt. Han fortsatte med at flakke fra sted til sted, afbrudt af diverse sygehus- og fængselsophold og adskillige ophold på Svostrup Asyl. Thorvald Emils helbred var ikke det bedste, bl.a. led han af epilepsi, og hans i forvejen dårlige helbred blev sikkert ikke bedre af opholdende i forbedringshuset og tugthuset, men sognerådet mente åbenbart, at han var mere doven end syg, for de prøvede gentagne gange at "forbedre" ham, ved at sende ham på "kur" på forsørgelses- og arbejdsanstalter, og det lyser ud af de breve og notater jeg har fundet fra sognerådet, at de var godt og grundigt trætte af ham.

Med socialreformen i 1933 slap Svostrup Kommune af med forsørgelsespligten overfor ham, hvilket helt sikkert var en lettelse for sognerådet, og i starten af 1936 sendte sognerådsformanden alle Thorvald Emils sagsakter til politimesteren i Viborg. Bunkens størrelse gjorde et stort indtryk på sognerådet, da det er nævnt i sognerådsprotokollen, at papirerne vejede ca. seks pund.

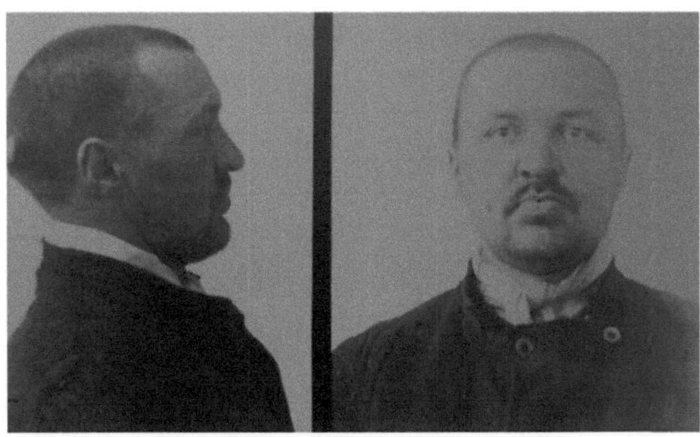

Billede 19: Thorvald Emil Vang
(Foto: Vridsløselille Forbedringshus 1921)

Bilag:

Bilag 1: Vedtægt for Grauballe Fattiggård

Vedtægt For Grønbæk-Svostrup Kommunes Fattiggard for 39 Lemmer.

A. Almindelige Bestemmelser

§ 1

Grønbæk-Svostrup Sogneraaad har Overbestyrelsen af Kommunens Fattiggaard, og Raadet udnævner for 1 Aar af Gangen 3 Mænd af sin Midte til at føre det daglige Tilsyn med Gaarden. Til at forestaa Fattiggaardens Drift, Husholdningen, det daglige Opsyn med Lemmerne og deres Arbeide ansætter Sogneraadet en Bestyrer og en Bestyrerinde.

§2

Fattiggaardens Opgave er at forsørge Kommunens Fattige, give Børnene en god Opdragelse, beskjæftige de Lemmer, som er arbeidsføre, og skaffe de Gamle og Svagelige en omhyggelig Pleie, alt med det Maal for Øie at bringe de Fattige til selv at bidrage, hvad de formaa, til deres Undeholdning.

Fattige fra andre Kommuner kunne optages efter Overenskomst med Sogneraadet.

§3

De Lemmer, som optages paa Fattiggaarden, erholde der fuldstændig Forsørgelse, nemlig Huusly, Føde, Klæder, Varme, Lys og Vask; i Sygdomstilfælde Pleie og Lægehjælp, efter Døden en anstændig Begravelse.

§4

Saafremt noget Fattiglem forlanger at udtræde af Fattiggaarden, og det kan godtgøre sin Evne til at forsørge sig og Familie, kan denne Tilladelse forventes.

Nægter Sogneraadet at opfylde Lemmernes forlangende om at udtræde af Anstalten, kunne disse fordre Spørgsmaalet afgjort af vedkommende Politiøvrighed, hvis Bestemmelse dog kan indankes for højere Øvrighed.

Spørgsmaal om Fattiges Indlæggelse i Fattiggaarden, saafremt disse skulde vægre sig derved, blive at indstille til Afgørelse af Fattigvæsenets Overbestyrelse, Amtet og Indenrigsministeriet.

§5

Lemmerne medbringe til Fattiggaarden deres samtlige Eiendele, som tages i Forvaring og først tilfalde Stiftelsen som Eiendom ved Lemmernes Død.

Lemmerne beholde de Gangklæder, de medbringe, og de forsynes med nye, altsom det Gjøres fornødent.

I Udtrædelses-Tilfælde medgives Lemmerne de opbevarede Eiendele og de medbragte Gangklæder, hvis disse endnu er tilstede.

§6

Lemmerne adskilles efter Kjøn i særskilte Soveværelser, dog ikke Ægtefolk, der tilligemed deres Børn under 14 Aar anvises Familiestue.

I alvorlige Sygdomstilfælde indlægges Lemmerne til Pleie i særskilte, dertil indrettede Sygestuer.

§7

Tilsynet besøger Fattiggaarden jevnlig, baade enkeltvis og samlet, efterseer om Alting gaaer i sin gode Orden, noterer i en Protokol, hvad der formenes at burde rettes eller anskaffes, og det forelægger enhver Sag af Vigtighed for Sogneraadet.

§8

Paa Bestyrerens Forslag kan Sogneraadet til ubestemt Tiid tilstaa de Lemmer, som ved Flid og god Opførsel dertil Gjøre dig værdige, en liden Ekstrabelønning.

§9

Naar der paa Fattiggaarden er overflødig Arbeidskraft, og der tilbyder sig lønnet Arbeide udenfor Gaarden, kan Tilsynet paa bestemt kortere Tiid tillade de Lemmer, som ønske det, saadant Arbeide.

Ligeledes er Tilsynet berettiget til at anbringe Børn og unge Mennesker under 18 Aar i Tjeneste hos Ordentlige Folk.

Af den Løn, som erhverves, tilfalder en Fjerdepart vedkommende Fattiglem, resten Fattiggaarden.

B. Instrux for Bestyreren (Bestyrerinden).

§10

Bestyreren og hans Hustru (Bestyrerinden) træde ved deres Ansættlse i Sogneraadets Tjeneste, men overfor Fattiggaardens Lemmer og Tyende have de samme Ret som Husbond og Madmoder.

§11

Bestyreren forestaar Fattiggaadens Drift, han tager selv Deel i Arbeidet saavelsom i Kreaturernes omhyggelige Røgt og Pleie, baade hjemme og ude; han anviser Lemmerne det Arbeide, han skjønner at være passende for deres Kræfter og Alder, og han tilseer, at de udføre deres Gjerning tilgavns. Han vaage over, at Redskaber og Inventarium ikke ødes eller fordærves, at Alt, efter at være brugt, hensættes paa rette Sted, og han melder til Tilsynet, naar der skal gjøres nye Anskaffelser eller foretages Reparationer. Han fører daglig de Protokoller, der blive ham leverede af Sogneraadet, angaaende Gaardens Indtægt og Udgift, Til- og Afgang, Drift og Besætning.

Bestyrerinden forestaaer Gaardens Huusholdning, Madlavning, Bagning, Brygning, Slagtning, Vask og Reenlighed; hun fører Tilsyn med de kvindelige Lemmer og deres Arbeide enten i Huset eller i Haven, hun passer og pleier Børnene, de Syge og Gamle – og til alle disse Gjerninger kan hun udtage blandt Lemmerne den Medhjælp, hun behøver. Selv skal hun med Omhu passe Mælkens, Smørrets og Ostens Tilberedning; Børnene skulle hjælpes til at læse, føres til regelmæssig Skolegang, ligesom de ogsaa efterhaanden skulle vænnes til nyttig Huusgjerning og Haandarbejde.

§12

Bestyrelsen vaager over, at alle Værelser hver Morgen reengjøres, Sengene udluftes og redes, Feieskarn og Affald henføres paa Møddingen og at alle i Indenrigsministeriets Circulaire af 9. Febr. 1869 omtalte Sundhedshensyn blive iagttagne. Det paasees, at Lemmerne i Gangklæder og

Sengklæder holdes rene i alle Maader.

§13

Maden leveres Lemmerne veltillavet, reen og frisk efter Spisereglementet. Bestyreren med Familie og Tyende spise i samme Værelse, til samme Tid og af samme Mad som Lemmerne.

§14

Bestyrelsen maa opmuntre Lemmerne til flittig at følge Guds Huus og til passende Tider at læse i gudelige Bøger, som haves paa Fattiggaarden. Skulde nogen af de Gamle og Svage ønske at besøge Kirken, skal Bestyreren lade dem kjøre i Gaardens Reisevogn. I paakommende Tilfælde skal Bestyreren ligeledes hente Jordemoder eller Læge, ligesom han har at forrette alle Omgangskørsler.

§15

Bestyreren paaser, at alle Lemmerne, som ere raske og rørige, staa op i god Tid før Davren om Morgenen og gaa til Sengs om Aftenen til den af Sogneraadet bestemte Tid, dog kan det selvfølgelig tillades Børn og Gamle at søge Sengen tidligere.

Før Bestyreren selv gaar til Ro, efterseer han om Alle ere i Seng, om Ild og Lys er slukket, Vinduer og Døre lukkede og laasede.

§16

Bestyreren og Bestyrerinden skulle omgaaes Lemmerne med Velvillie, vogte sig for Hidsighed og Brug af Skjældsord, de bør bære over med de Gamles Særheder, men de maa selvfølgelig aldrig lade det mangle paa den fornødned Alvor.

Hvor formaning ikke hjælper, bør Bestyreren efter Omstændighederne enten indklage Sagen for Tilsynet eller Sogneraadet; hvis Gjenstridighed og Trods giør det nødvendigt, da kan han indespærre den Skyldige, i hvilket Tilfælde der strax sker fornøden Melding til Tilsynet.

§17

Bestyreren og Bestyrerinden maa ikke uden nødvendig Ærinde forlade Fattiggaarden og aldrig begge paa engang uden med Tilsynets Tilladelse. Til Fraværelse om Natten fordres ligeledes altid Tilsynets Samtykke.

§18

Enhver, som ønsker at besøge Fattiggaarden, eller som vil tale med noget af Lemmerne, kan af Bestyreren eller Bestyrerinden faa Tilladelse hertil, men denne Tilladelse kan selvfølgelig ogsaa nægtes, naar enten Lemmerne vilde blive sinkede ved deres Arbeide, eller af anden Grund.

§19

Bestyreren med Familie anvises til Beboelse 2 Værelser paa Gaarden. Foruden den Løn, som af Sogneraadet er bestemt, og som udbetales halvaarlig, naar den er fortjent, have de fri Kost, Lys og Vask.

Tjenesten kan opsiges fra begge Sider til 1. April og 1. Oktober med ¼ Aars Varsel.

Men naar Bestyreren eller hans Hustru (Bestyrerinden) vise sig helt uskikkede til at udføre den Gjerning, som de efter denne Instrux have paataget sig, naar de vise sig uredelige eller ligegyldi-

ge, da har Sogneraadet Ret til uden Varsel at fratage dem den Stilling, der er dem betroet, i hvilket Tilfælde de ere pligtige til strax at forlade Gaarden med Børn og Bohave, foruden at de ere undergivne Straf og Erstatningsansvar efter Loven.

C. Reglement for Lemmerne.

§20

Fattiggaarden har at sørge for Lemmernes Undehold i enhver Henseende, men ethvet Lem paaa Gaarden har efter Kraft og Evne at bidrage til denne Forsørgelse, og det er Enhvers Pligt at medvirke til, at Fattiggaarden kan blive et roligt Opholdssted for Gamle og Unge.

§21

Lemmerne skulle agte Bestyreren og Bestyrerinden som Husbond og Madmoder, være dem hørige og lydige, og de maa ikke forlade Gaarden eller det Arbeide, der er blevet dem anvist, uden med Bestyrerens Tilladelse.

Bestyreren kan give Tilladelse til, at Lemmerne enkeltviis, navnlig om Søn- og Helligdage, besøge Slægt og Venner, men til Sengetid maa ethvert Fattiglem være hjemme, og uden Tilladelse fra Tilsynet kan Ingen være borte fra Fattiggaarden om Natten.

Naar noget af Fattiglemmerne misbruger den Frihed, der er given, da vil Vedkommende ikke igjen erholde Udgangstilladelse før en længere Tids god Opførsel giver Haab om, at den rette Fortrydelse er tilstede.

Skulde noget Fattiglem komme beruset hjem, er Bestyreren berettiget til at indespærre et saadant indtil 24 Timer, hvorom han dog strax skal gjøre Melding til Tilsynet, og skulde Nogen fornærme Bestyreren eller Bestyrerinden i Ord eller Gjerning, vise ligefrem Opsætsighed og Trods, forlade Gaarden uden Tilladelse, da skal der gaaes frem efter Placat af 14. December 1810 §§ 21, 22 og 23.

§22

Lemmerne skulle omgaaes hverandre med velvilie, de skulle bære over med hverandres Skrøbeligheder, og aldrig tage sig selv tilrette. Tror Nogen sig fornærmet eller forurettet, kan der søges Beskyttlse hos Bestyreren eller Tilsynet, -men Sladder og Bagvaskelse, Kiv og Trætte taales ikke.

§23

Ethvert Fattiglem skal saavidt muligt holde sig selv reen, klæde sig ordentlig paa og rede sin Seng. Ved Maaltiderne skulle Alle møde vel vaskede og sømmelig klædte. Det forlanges, at Lemmerne holde Bordskik, og skulde Nogen forstyrre denne ved upassende Tale og Adfærd, kan Bestyreren bortvise en saadan fra Bordet, uden at den paagjældende kan forlange videre Deel i Maaltidet.

§24

Lemmerne skulle med Billighed gaa til det Arbeide, der bliver dem anviist, hvad enten det er ude eller inde, Markarbeide eller Huusgjerning, og de skulle udføre Arbeidet med Flid og Orden.

§25

Intet Fattiglem maa have Brændeviin i Eie eller nyde saadant paa Gaarden, undtagen ved de enkelte Leiligheder, da Bestyreren med Sogneraadets Tilladelse udleverer dette.

D. Spisereglement

§26

Alle Lemmerne skulle saavidt muligt nyde Maaltiderne samlede i det almindelige Spiseværelse.

§27

Til Davre – som anrettes om Sommeren (fra 1. April til 31. Oktober) Kl. 6 Morgen og om Vinteren (fra Nobr. 1 til 31. Marts) Kl 8 Morgen – gives kogt Mælk og Brød, eller Øllebrød med Smørrebrød eller Ost til, eller salt Sild, alt efter Egnens Skik.
Til Middag – som anrettes Kl. 12 – gives en ret Mad med Eftermad til, saasom:
Suppe (Hvidkaalssuppe eller Sødsuppe) med Kjød eller Flæsk,
Velling med stegt Flæsk,
Øllebrød med Pandekage eller Fisk,
Kaal eller Ærter med kogt Kjød eller Flæsk,
Kartofler med Dyppelse og Flæsk eller Fisk,
Grød med stuvede Kartofler; alt eftersom Bestyrerinden skjønner, at det passer med Husets Forsyning, dog at en ønskelig Afvexlen bliver iagttagen.
Til Nadver – som anrettes om Sommeren Kl. 8 Efterm.; om Vinteren Kl. 5 – gives Grød med Melk.

§28

Om Sommeren gives Formiddags-Mellemmad Kl. 9 og Eftermiddags-Mellemmad Kl. 5., begge Gange med Smør eller Fedt.

§29

Ved alle Maaltider gives tilstrækkeligt Brød, samt Øl eller Mælk at drikke. Lemmerne maa ved Davren og Nadveren spise saa meget de ønske; ligeledes maa de ved Middagen spise Formaden efter Behag, medens der af Eftermaden bliver anrettet Portioner som i en almindelig tarvelig Huusholdning.

§30

Bestyrerinden kan gjøre undtagelse fra Spisereglementet med gamle og svagelige Lemmer, som enten ikke kunne taale visse Retter Mad, eller ikke have Appetit ved de almindelige Spisetider, eller som ikke kunne forlade deres Soveværelse.

Af nærværende Vedtægts Afdeling A. C. D. skal et Exemplar altid være fremlagt i enhver Fattiganstalt paa et for Lemmerne tilgængeligt Sted.
Viborg Stiftamt, den 20. Mai 1881

Bilag 2: Plantegning over fattiggården

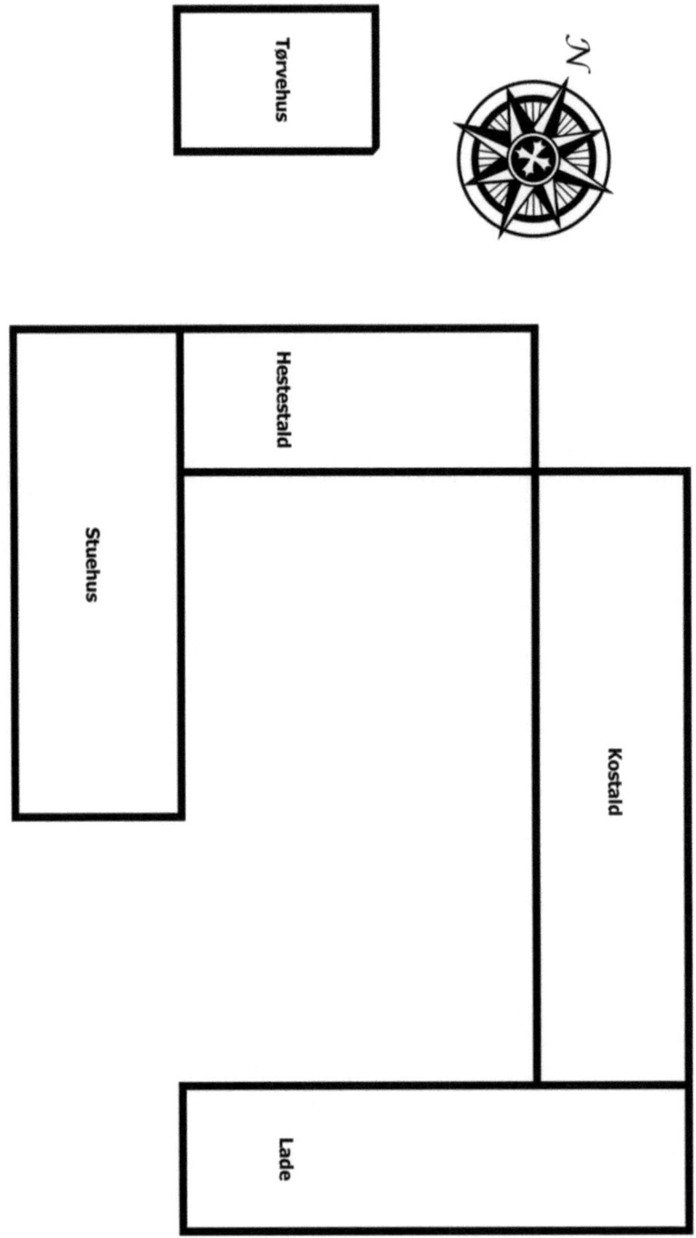

Bilag 3: Silkeborg Avis, 5, september 1879

Saa har da Grønbæk-Svostrup Sogne nu ogsaa, ligesom andre omliggende Kommuner, faaet sig en Fattiggaard anskaffet, idet der hertil er kjøbt den Hr. Proprietair Lindemann tilhørende "Grauballe Vestergaard", sydvest i Svostrup sogn. Gaarden har gode Bygninger foruden en Vindmølle til eget Brug og et Tilliggende af 86 Tdr. Land i meget god Drift, med kun lidt over 2½ Skpr. Harkorn, da Arealet er opdyrket Hedejord, og i Kjøbet medfølger fuld Besætning samt det fornødne Føde- og Sædekorn. Kjøbesummen er 42.600 Kroner og Modtagelsen skeer til 1ste April næste Aar.

-Det var ikke den Grund, at det næsten er bleven en Modesag at have Fattiggaarde, der bevægede Sogneraadet til at kjøbe nævnte Gaard, men en tvingende Nødvendighed, som fordrede dette under de for Tiden stillede mindre lyse Fremtids-Udsigter. Grønbæk-Svostrup er mulig nu den største Kommune i Viborg Amt, med en Udstrækning af over 1½ □ Miil, med en Befolkning af ca. 2500 Mennesker; ved sidste Folketælling 1870 havde Vium-Sjørslev-Almind 2293, Grønbæk-Svostrup 2275 Mennesker, men siden den Tid er Folketallet her steget betydeligt. Af denne Befolkning er omtr. 50 eller 2 pCt. (det normale for Viborg Amt) til forsørgelse under Fattigvæsenet. Disse Sogne, især Grønbæk Sogn, have forhen foruden det egentlige Jordbrug havt særegne Erhvervskilder. Saaledes dreves i dette Sogn i Aarene 1850-57 13 større Teglværker, og Tørvetilvirkningen i de vidtstrakte Moser var betydelig, idet Randers Kjøbstad førend Tverbanens Anlæg næsten udelukkende, foruden andre Steder, forsynedes med Ildebrændsel herfra, og Pramfarten paa Gudenaa som følge heraf betydelig, idet omtrent 90 Kaage vare i stadig Fart, hvoraf en stor Deel byggedes og vare hjemmehørende i Grønbæk Sogn. Denne Trafik trak en Deel Arbeidere til Sognet og forøgede Husenes Antal fra omtrent 50 til 115, og nu en heel Deel flere, saa Sognets Befolkning, der 1801 kun var 485, 1834 650, ved Folketællingen 1870 var 1304 og nu omtrent 1500 og derover.

- Svostrup Sogn havde 1801 402, 1834 562, 1870 971 og nu noget over 1000 Mennesker og Husenes Antal over 120.

-Nu drives i Grønbæk Sogn kun 4 Teglværker, Tørveafsætningen er næsten ophørt og Pramfarten for Størstedelen nedlagt, hvorved Næringsforholdene have lidt et betydelig Skaar og ere høist ugunstige, og den store Arbeiderbefolkning uden Beskæftigelse og Næring og til Deels brødløs. Under disse vanskelige Forhold har saavel Sogneraad som Gaardmandsklassen visseligen truffet Foranstaltninger til og anvendt ethvert Middel for at støtte og holde Arbeidsklassen oppe, Men da Udsigterne bleve mørkere, har Raadet seet sig tvunget til i Tide at sikre Kommunen med Indkjøbet af en Fattiggaard af en saadan Størrelse at den kan modtage og underholde alle de trængende Familier, der maae søge Fattigvæsenets Hjælp. At Sogneraadet i denne for Kommunen saa vigtige Sag har viist Dygtighed og Omsigt ved Anskaffelsen af denne Gaard, fortjener vist tilfulde Paaskjønnelse af Kommunens Beboere. Og da de Fattige der hidtil have nydt en sjelden god Forsørgelse ved at indtinges ved Familier i Sognene, saa haabes ogsaa, at deres fremtidige Ophold og Forplejning paa Fattiggaarden ikke vil blive et Tvangs- og Skræmmested, men et godt, roligt og hyggeligt Hjem for Gamle og Svage som for de umyndige Børn. Vel ligger Gaarden meget fjernt og

afsides og der er anket paa, at de Fattige bleve saa meget fjernede fra Guds Huus, men herpaa er givet det Tilsvar: "Ønsker en Fattig og Svagelig at komme i Kirke, skal der med Redebonhed strax blive givet Befordring med Heste og Vogn", ligesom det ogsaa med Sikkerhed kan ventes at Sogneraadet under disse Omstændigheder med sædvanlig Omhu vil drage Omsorg for Børnenes tilbørlige Skoleunderviisning. *(Meddeelt.)*

Bilag 4: Forpagtningsaftale for Svostrup Asyl 1913

Imellem underskrevne sogneraad for Svostrup Kommune som ejer og Kresten Jensen fra Sahl som forpagter, er dags dato indgaaet og oprettet saalydende Forpagtningskontrakt

1. Svostrup kommune der er ejer af Matr. N° 1^a^ af Svostrup by og sogn, kaldet "Svostrup Asyl", forpagter herved til foran nevnte Kresten Jensen bemeldte ejendom, med de paa ejendommen værende bygninger med mur og sømfast tilbehør.

2. Forpagtningstiden er 4 – skriver fire – efter hinanden følgende aar regnet fra 1ste Maj 1913 dog har Svostrup sogneraad ret til at opsige kontrakten til hvert aars 1ste Maj med 3 maaneders varsel.

3. I aarlig forpagtningsafgift betaler forpagteren til formanden for Svostrup sogneraad skadesløs paa dennes bopæl 50 Kr - skriver femti kroner – der erlægges med halvdelen hvert aars 1ste Maj og 1ste Novb. Stadig forud for et halvt aar.

4. Al den paa ejendommen avlede afgrøde skal fodres op paa ejendommen, og maa ikke sælges eller bortføres. Al den fremkomne gødning skal paaføres ejendommen.

5. Driftmaaden maa bestemmes af forpagteren.

6. Forpagteren skal være forpligtet til at modtage og give husly til de personer, som sogneraadet forlanger indlagt paa Asylet, dog ikke over 8 personer.

Ligeledes maa forpagteren være forpligtet til at holde de i den vestlige halvdel af bygningen indrettede kammere, i alt 5, til enhver tid reserverte og istandsatte til at modtage ovennævnte personer.

7. De personer som af sogneraadet bliver indlagt paa Asylet er forpagteren forpligtet til at føde, pleje og passe, vaske og istandsætte deres tøj, holde de dem anviste kammere tilstrækkelig opvarmede og renholdte. Have omsorg for dem i enhver heseende. Alt sammen for egen regning.

8. Som vederlag for de i punkt 7 nævnte ydelser erholder forpagteren udbetalt af kommunens kasse 1 Kr – skriver en krone - pr. dag for hver person.

9. Det paa asylet værende indbo og køkkeninventar har forpagteren brugsret til, men maa svare til det efter vedlagte inventarliste.

10. De paa asylet værende sengeklæder, gangklæder og andet tøj, som er til brug for de indlagte personer; maa af forpagteren til enhver tid holdes i god orden og brugbar stand.

11. Den paa asylet værende tørvebeholdning overtager forpagteren til en sum af 10 Kr. Sogneraadets tilsynsførende har til enhver tid adgang til asylet.

12. Jeg, Kresten Jensen, erkjender at have indgaaet paa ovennevnte, som jeg forpligter mig til for mit vedkommende punktlig at opfylde; ligesom jeg i sagsmaals tilfælde underkaster mig den vedford. Af 25. Januar 1828 hjemlede retsforfølgning.

Svostrup den 18. Maj 1913

For Svostrup Sogneraad	*Som Forpagter*
P. d. v.	*Kresten Jensen*
S. D. Christensen	
fmd	

Til Vitterlighed
E. Jensen

Den under punkt 3 nævnte forpagtningsafgift paa 50 Kr ændres til at være 400 Kr – skriver fire hundrede kroner – aarlig fra 1. April 1921 at regne, og saaledes at forpagtningen er gældende indtil den opsiges fra en af siderne, hvilket kan ske til hvert aars 1. April med 4 md. varsel.
Den under punkt 8 nævnte vederlag af 1 Kr: pr dag for hver person, ændres til at være 3,50 Kr pr dag de første 10 dage, derefter 2,50 Kr pr dag for hver person.
De øvrige punkter i forpagtningskontrakten forbliver uforandrede, og vedbliver at være gældende saa længe forpagtningen varer.
Svostrup d. 20. Marts 1921

For Svostrup sogneraad	*Som forpagter*
E. B.	*Chr. Jensen*
S. D. Christensen	
fmd	

Bilag 5: Plantegning over Svostrup Asyl

Tegningen viser, hvordan huset var indrettet i 1971, inden det blev bygget om. Det er formodentlig nogenlunde den indretning det havde, mens asylet fungerede. Tegningen er ikke målfast.

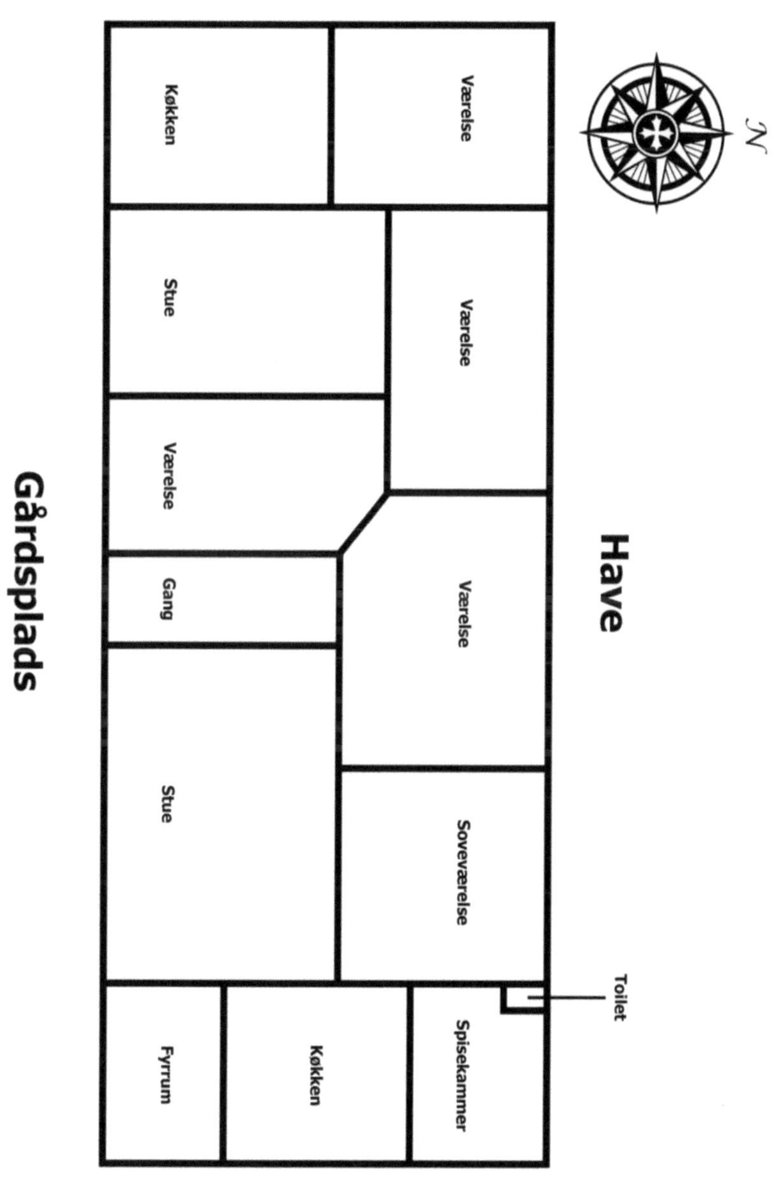

Bilag 6: Brev fra Christian Fischer på Allinggård til pastor Niels Hurtigkarl i Grønbæk

1. *Grønbech Sogns ungdom kand af Degnen, som har sin Degnsbolig i Grønbech Bye med undervisning blive forsynet, siden Byerne og Beboerne iche ere så adspredde, at jo de unge uden aldt for stor besværlighed kand søge til Skoele sammesteds.*

2. *Ald Grøbech Sogn er mig tilhørende undtagen 2 ½ Gårde udi Ans Bye, som ligger under Palstrup, så at dend Tilbygning som Degnsboligen behøver til en Skolestue for Sognets Ungdom skal blive efter dend imellem Velb. Hr. Friedereich og mig derom gjorte forening betids forfærdiget samt med Borde, Bæncher og fornøden Inventario forsynet.*

For samme skolehold tillægges Degnen årlig i penge 3 Rdl. 2 Mark, i korn 1 td. Rug og 1 td. Hveede, så nyder han og af Grøbech Sogn 27 Læs Klyntørv samt på Grønbech Mark græsning for de 2de Kjør, siden han ved lidet Jords Tillæg og Korn indkomme, som hand i Kjærven opbærger med fornøden Foeder dertil er forsynet.

3. *Ald sognet (Svostrup i Hids Herred) er mig tilhørende, og siden ingen Skoele hidentil i dette Sogn har været oprettit, så lader jeg i Svostrup Bye strax ved Kirken opbygge en Skoele, hvilken Sognets Undom uden aldt for stor Vidtløftighed kand søge, som og med fornøden Inventario skal vorde forsynet.*

Skoleholderen som til samme Skoele antages, skal nu og fremdeles til belønning blive aflagt med Penge 10 Rdl. 1 Mark; i korn med rug 4 td. 6 ½ Skp., med boghvede 2 Td. 2 Skip 1 Fdk. Så nyder hand af Sognet 27 Læs Klyntørv, græsning til 2de Kjør på Svostrup mark samt gives haam af Sognet fornøden halm dertil.

Men siden Svostrup Sogn, som er kuns lidet, icke uden Almuens og Beoernis alt for stor Tynge og Besværing kand udreede alt, da det dog er billigt, at Skoelelæren for sit arbejde nyder fornøden Levemiddel til sit nødtøftige Udkomme, såfremt ellers at Skoelevæsenet skal nåe dend af hans Kongl. May. st. allernådigste intenderede Bestandighed og Nøtte, så de fra at erholde foranførte tillæg svares til Degnens Soulagemenet, som til Skoeleholderens belønning over begge fornefnte Sognes gjortes følgende Repartion:

Grøbech Sogn består af 27 heele Gårde, Svostrup Sogn af 13 ½, i alt 40 ½ Gårde.

Af hver heel Gård i begge Sogner svares årlig til Skoelehold 1 skip Rug og ½ Skp. Boghvede som da udgjør 5 Td. 2 Fdk. Rug og 2 Td. 4 Skp. 1 Fdk. Boghvede, som da i alt udgjør 5 Td. 6 Skip 1 Fdk. Rug og 3 Tdr. 2 Skip 1 Fdk. Boghveede.

Tillæg i Penge: Efter Anordningen svares fra Lysene af begge Kircker 6 Rdl. 4 Mark af Grønbechgård svares årlig 1 Mk, af Præsten 1 Rdl., af Alling Mølle 1 Mk., af Husmændene i Grønbech Sogn, som ere 26 svares årlig af hver 8 Sk er 2 Rdl. 1 Mk. Af Husmændene i Svostrup Sogn som er 38 lignes hver 8 Sk. er 3 Rdl 1 Mk. Husinderster som ere af vilkår og Helbred, at de selv kand ernære sig, hvoraf her i Sognene ikun er få, derover kand ikke gøres nogen vis Beregning, men ifald nogle sådanne sig her i Sognene skuld opholde sig, svarer de årlig 4 Sk., som bereignes Skoeleholderen i Svostrup til accidentie. Bliver for Penge i alt 13. Rdl. 2 Mark.

Heraf nyder Degnen aarlig i Penge 3 Rdl. 2 Mk samt 1 Td Rug og 1 Td Hveede; det øvrige som er Penge 10 Rdl. 1 Mk, 4 Tdr. 6 Skip 2 Fdk. Rug og 2 Tdr. 2 Skip 1 Fdk Boghvede forbærer Skoeleholderen til Løn, hvorimod de begge Degnen saavelsom Skoeleholderen forpligtes at antage til Skoele hver i sit Sogn fattige og Unge, smaa og store, og dennem uden anden Slags Veederlag eller Udgift at besværge med ald flid og troskab, efter dend allernaadigste udgifne Instruktion i Børnelærdommen, skriven og reigning underviser. Foranførte Tillæg i Penge og Korn skal leveris dem efterskrevne Tiider og Terminer.:
Lysepengene uddeeles til Nytaar, da Degnens nyder af Grønbech Kirke 3 Rdl. 2 Mk og Skoeleholderen af Svostrup Kirche 3 Rdl. 2 Mk., de øvrige Penge som af Sognene ere tillagt og forhen specificeret betales Skoeleholderen til Paasche som hand alene oppebærger. Kornet saavel til Degnen som til Skoeleholdren leveres 14 Dage efter Martini, hver sin deel Som ovenmeldt er, saa skal hver af de 27 Gaarde i Grønbech Sogn leveres til Degnens i rette tiid 1 læs forsvarlig Klyn Tørv og hvoraf de 13 ½ Gaarde i Svostrup Sogn til Skoeleholderen 2 læs, som ligeledes giver 27 læs.
Halmen til de 2de Kjørs Foder skal paa begge Sognene inddeles og Skoeleholdren samme i rætte tiid til fornødenhed leveris.
Alt saa er ved denne Indretning og Skoelevæsenets i disse 2de Sognees Foranstaltning Alleene sigteet til Guds Ære og Meenighedens nøtte at fremme, samt Deres Kongl. Mayst allernaadigste Villie allerunderdanigst at efterleve ej paatvivlende, at jo Sognenes Ungdom for nuværende og tilkommende tiider herved faar til oplysning i deris Saligheds Kundskab alt forønsket Lejlighed og Bekvemmelighed til hvilchen Ende Præsten for begge Menigheder Hr. Niels Hurtigkarl, som bedes dette og tillige med mig At ville underskrive, saa derpaa være at erholdemdend anbefalende Confirmation.

Allinggaard d. 20. Jan. 1741. C. Fischer.

Dersom alle Proprietairer i Landet maatte behage at see saa nøye paa Hans Mayst. Forordning, Ungdommens Undervisning og Almuens Lindring, som Velædle og Velbaarne Christian Fischer her i disse mine tvende Sogne og haft samme 3 Ting I Rætsindig Øyemærke, vilde jeg skattere samtlige Lærere og Menigheder lige saa lyckelige, som jeg ved denne Foranstaltning finder mig selv fornøyet.

Grønbeck Præstegaard d. 22. Jan. 1741. N. Hurtigkarl.

Bilag 7: Beboere på Grønbæk Hospital, Svostrup Fattighus, Grauballe Fattiggård og Svostrup Asyl

Listen er lavet ud fra folketællinger, kirkebøger, sognerådsprotokoller, lemmebog og dagbog for fattiggården og asylet.

Forkortelser:

GH - *Grønbæk Hospital*
SF - *Svostrup Fattighus*
GF - *Grauballe Fattiggård*
SV - *Svostrup Asyl*

FT - *folketælling*
KB - *kirkebog*
PR - *politiets registerblade*
SP - *sognerådsprotokoller*

Navn	Data	Noter	
Andersdatter, Ane	✱omk. 1741	Enke eftter 1. ægteskab	GH
Andersdatter, Ane Dorte	✱omk. 1757 ✝7. mar 1835 GH	~ Jens Poulsen, Iller	GH
Andersdatter, Karen	✱omk. 1725 ✝19.dec 1808 GH	Mormor til Inger Kathrine Madsdatter	GH
Andersdatter, Kirsten	✱omk. 1750 ✝9. dec 1802 GH	~ Jens Christensen Nørgaard, Iller	GH
Andersdatter, Maren	✱19. jul 1799 Grønbæk sogn ✝20. jun 1871 GH	Forældre: Anders Andersen og Ane Jensdatter, Grønbæk Ugift	GH
Andersdatter, Maren	✱1. dec 1781 Grønbæk sogn ✝26. jul 1789 GH	Forældre: ugift Ane Andersdatter, Iller, og enkemand Anders Sørensen, Trige (mors forældre: Anders Pedersen (*"Den blinde"*) og Maren Jensdatter i Grønbæk Hospital)	GH
Andersdatter, Maren	✱24. aug 1796 Svostrup sogn ✝1. maj 1856 Svostrup sogn	Forældre: Anders Christensen og Maren Rasmusdatter, Borup Ugift	SF
Andersen, Anders Peder	✱27. apr. 1832 Svostrup sogn ✝6. jan 1911 SA	Alderdomsunderstøttelse Forældre: Anders Nielsen og Maren Madsdatter, Asmildgårde ~ Ane Kirstine Rasmusdatter	SA

Navn	Data	Noter	
Andersen, Ane Marie	∗31. jan 1859 Levring sogn ✝17. mar 1936 GH	Forældre: gårdejer Anders Nielsen Munk og Ane Elisabeth Andersen ~ husmand Frederik Nielsen Huus, Ans Mark	GH
Andersen, Jens Jørgen Mads	∗23. aug. 1873 Svostrup sogn	Forældre: Anders Larsen Andersen og Mariane Jensen, Asmildgårde	GF
Andersen, Jørgen	∗28. maj 1789 Svostrup sogn	Forældre: ugift Lisbeth Jørgensdatter og Anders Christensen Hinge, Grauballe	GH
Andersen, Larsine Kirstine	∗12. jan. 1881 Hinge sogn	Forældre: Anders Larsen Andersen og Mariane Jensen, Asmildgårde	GF
Andersen, Line	Ikke oplyst	Rejser og kommer tilbage flere gange	GF
Andersen, Maren	∗27. sep 1865 Grønbæk sogn	Forældre: husmand Anders Jensen og Jensine Marie Jensen, Ans Ugift	GH
Andersen, Mette Kathrine	∗6. nov. 1876 Svostrup sogn	Forældre: Anders Larsen Andersen og Mariane Jensen, Asmildgårde	GF
Andersen, Niels	∗7. mar. 1809 Svostrup sogn ✝15. apr. 1881 Svostrup sogn	Forældre: Anders Nielsen og Else Christensdatter, Borup ~ Karen Marie Andersdatter	GF
Andersen, Petrea Margrethe	∗11. dec 1851 Vadum sogn ✝1. jul 1945 GH	Forældre: enke Maren Kristine Dige, født Andersdatter, Vester Halne, og ungkarl Mads Peder Nielsen, Rødslet ~ arbejdsmand Søren Christensen Asp, Iller	GH
Andersen, Jens	∗6. okt 1812 Svostrup sogn	Forældre: Anders Jensen og Else Christensdatter Vest, Grauballe	SF
Andersen, Jørgen	∗28. maj 1789 Svostrup sogn	Forældre: ugift Lisbeth Jørgensdatter, Grauballe, og ungkarl Anders Christensen Hinge, Grauballe	GH
Anderson, Jöran	∗26.sep. 1824 Maglehem sogn ✝15. jul. 1900 Svostrup sogn	(*"Svensker"*) Forældre: husmand Anders Olofson og Marena Nilsdotter	GF

Navn	Data	Noter	
Bach, Niels Christensen	✱11. jul 1797 Grønbæk sogn ✝5. aug 1864 GH	Forældre: Christen Nielsen Bach og Sidsel Jensdatter, Illerhuse Hjulmand ~ 1. Birte Marie Andersdatter 2. Mariane Laursdatter	GH
Balle, Jens Jensen	✱24. jul. 1821 Balle sogn ✝15. mar. 1901 Svostrup sogn	Forældre: Jens Knudsen og Maren Jensdatter ~Ane Marie Sørensen	GF
Bek, Christian Peter Johansen	✱2. apr. 1825 Svostrup sogn ✝13. dec. 1885 Svostrup sogn	Forældre: Johan Christoffer Sørensen Bek og Margrethe Geertsdatter Degner, Grauballe	GF
Berring, Niels Nielsen	✱20. sep. 1825 Almind sogn ✝3. aug. 1890 Svostrup sogn	Forældre: indsidder Niels Jacobsen og Dorte Sørensdatter ~ Inger Marie Jensen	GF
Bertelsen, Christen	✱6. okt. 1823 Linå sogn ✝19.dec. 1907 Svostrup sogn	Forældre: Bertel Jensen og Mette Jensen ~ Ane Hansdatter Understøttelsesmedlem	GF SA
Bigum, Marie		Se Thomasdatter, Marie Kathrine	
Bitsch, Phillip Frederik Pedersen	✱27. jul. 1819 Frederiks sogn ✝21. jan. 1898 Svostrup sogn	Forældre: Peder Bitsch og Ane Margrethe Branner ~ Mette Jensdatter I materialet fra fattiggården bliver han kaldt Frederik Pedersen	GF
Boes, Jens Daniel Jensen	✱14. mar. 1873 Grønbæk sogn ✝20. maj 1882 Svostrup sogn	Forældre: Jens Jensen Boes og Cecilie Marie Sørensen, Iller Druknede i mosen.	GF
Boes, Laurs Peder Jensen	✱12. dec. 1876 Grønbæk sogn	Forældre: Jens Jensen Boes og Cecilie Marie Sørensen, Iller	GF
Boes, Mette Marie Jensen	✱16. feb. 1872 Grønbæk sogn	Forældre: Jens Jensen Boes og Cecilie Marie Sørensen, Iller	GF

Navn	Data	Noter	
Boes, Sofie Jensen	✱29. dec. 1874 Grønbæk sogn	Forældre: Jens Jensen Boes og Cecilie Marie Sørensen, Iller	GF
Borch, Theodora Magrethe Jensine	✱15. okt. 1853 Slesvig (FT) ✝22. maj 1903 Nazaret sogn	Forældre: kommandersergent Julius Theodor Ferdinand Borch og Sabine Vilhelmine Hermansen ~ Andreas Kasper Glatved	GF
Borre, Christen Pedersen	✱24. jan. 1809 Sahl sogn ✝12. nov. 1881 Svostrup sogn	Forældre: Peder Christensen Borre og Inger Poulsdatter ~ Ane Marie Christensen	GF
Bro, Søren Nielsen	✱19. maj 1819 Grønbæk sogn ✝11. maj 1896 Svostrup sogn	Forældre: ugift Ane Margrethe Sørensdatter, Grønbæk, og Niels Christensen, Them Enkemand	GF
Broby, Hans Nielsen	✱7. jan. 1824 Vester Broby sogn ✝11. sep. 1899 Svostrup sogn	Forældre: Niels Larsen og Margrethe Olesdatter Ugift, gartner, understøttelsesmedlem	GF
Braa		Se Bro	
Burmeister, Johan Henrik	✱28. apr. 1840 Lauenborg (ikke fundet) ✝26. mar. 1905 Svostrup sogn	Ståltrådsarbejder og murersvend	GF
Byrial, Jens Andersen	✱29. mar 1801 Lemming sogn ✝3. dec 1879 GH	Forældre: Anders Nielsen Byrial og Karen Jensdatter, Lemming ~ Birte Jensdatter	GH
Christensdatter, Ane	✱1772 Svostrup sogn ✝26. maj 1845 GH	Forældre: Christen Jensen og Ane Andersdatter, Dalsgård ~ Gregers Lauridsen, Nebel	GH
Christensdatter, Maren	✱4. aug 1831 Grønbæk sogn ✝14. apr 1904 GH	Forældre: Christen Christian Nielsen og Kirsten Pedersdatter, Riis ~ daglejer Jens Christian Christensen, Iller Mark	GH
Christensdatter, Mette Marie	✱8. jun 1823 Gulev sogn ✝10. nov 1911 GH	Forældre: husmand Christen Christensen og Maren Nielsdatter, Kraghede ~ husmand Hans Nielsen, Ans	GH

Navn	Data	Noter	
Christensen, Ane Marie	∗17. okt. 1858 Karup sogn	Forældre: husmand Christen Jacobsen og Ane Madsdatter ~ Niels Peder Jensen Viborg, ægteskabet opløst ved separation to gange, sandsynligvis p.g.a. at Niels Peder mishandlede Ane Marie, hvilket han blev straffet for flere gange.	GF
Christensen, Ane Marie	∗2. okt. 1844 Vindum sogn	Forældre: husmand Christen Johansen og Karen Olesdatter ~ Christen Pedersen Borre Ifølge arrestjournalen fra Kjellerup Arrest havde hun mørkt hår og blå øjne.	GF
Christensen, Frederikke	∗21. mar. 1856 Vejlby sogn ✝6. jun 1912 Veng sogn	Forældre: Christoffer Otto Willumsen Schaltz og Kirsten Marie Pedersdatter ~ Johan Jensen, som forlod hende og rejste til Amerika med en anden kvinde	GF
Christensen, Jens Martin Nørgaard	∗4. nov. 1890 GF	Forældre: ugift Karen Marie Nørgaard Christensen og snedkersvend Christen Daniel Sørensen, Ans	GF
Christensen, Jens Peder	∗16. jan. 1881 Estruplund sogn	Forældre: ugift Frederikke Christensen og ungkarl Niels Frandsen, Holbæk Stedfar: Johan Jensen Indskrevet som Jens Peder Jensen	GF
Christensen, Karen Marie Nørgaard	∗21. sep 1864 Gjerning sogn	Forældre: indsidder Jens Christensen og Mette Pedersen Fødte søn, Jens Martin Nørgaard Christensen, på fattiggården.	GF
Christensen, Kirsten	∗27. jan 1844 Grønbæk sogn ✝27. maj 1925 GH	*"Kirsten Poulsen"* Forældre: gårdmand Christen Christian Nielsen og Charlotte Pedersdatter, Riishuse, Grønbæk sogn ~ 1. gårdmand Laurs Sørensen, Grønbæk 2. gårdmand Jens Christian Christensen, Grønbæk	GH
Christensen, Laurs	∗omk. 1815 Viborg ✝26. dec. 1898 Svostrup sogn	Forældre: Christen Christensen og Marie Søndergaard	GF
Christensen, Marius	Ikke opgivet	Forsørgelsesberettiget i Ålborg	SA

Navn	Data	Noter	
Christensen, Martinus	✱13. sep. 1867 Grønbæk sogn	Forældre: ugift Ane Martine Christensen og ungkarl Bertel Christian Andersen af Allinggård	GF
Christensen, Niels Michael Nielsen	✱14. jul. 1871 Voldum sogn	Forældre: ugift Hanne Nielsen og tjenestekarl Anders Møller Christensen ~ Andersine Christensen Ifølge arrestjournalen fra Hads Herred var han middel af højde og bygning med blondt hår og grå øjne	SA
Christensen, Andersine	✱12. maj 1861 Vejlby sogn, Aarhus amt	Forældre: skrædder Jens Peder Christensen og Mette Pedersdatter, Vejlby ~ Niels Michael Nielsen Christensen	SA
Christiansen, Rasmus	✱15. jun. 1804 Brabrand sogn (dåbsdato)	Forældre: Christian Eggersen og Ane Margrethe Jensdatter Smed ~ Ane Olesdatter	GF
Dalsgaard, Ane Jensdatter	✱3. okt 1800 ✝8. feb 1887 GH	Forældre: Jens Dalsgaard og Ane Madsdatter, Illerhuse Ugift	GH
Dalsgaard, Else Jensdatter	✱19. okt 1811 Grønbæk sogn ✝13. okt 1886 GH	Forældre: Jens Dalsgaard og Ane Madsdatter, Illerhuse Ugift Druknede sig selv	GH
Ditlevsdatter, Maren	✱6. aug. 1802 Svostrup sogn ✝25. sep. 1893 Svostrup sogn	"*Ma Detlevs*" Forældre: Ditlev Jensen og Ane Else Villumsdatter ~ Jens Mortensen	SF GF
Dvinger, Ane Margrethe Clausdatter	✱9. maj 1827 Svostrup sogn	Forældre: Claus Dvinger og Ane Kirstine Nielsdatter, Skovgårds Mark	SF
Dvinger, Claus	✱omk. 1778 Lybeck ✝21. jul 1848 SF	~ Ane Kirstine Nielsdatter	SF
Dvinger, Dorthea Magdalene Clausdatter	✱11. apr 1830 Lemming sogn	Forældre: Claus Dvinger og Ane Kirstine Nielsdatter, Lemming	SF

Navn	Data	Noter	
Dvinger, Johanne Marie Clausdatter	∗13. aug 1833 Svostrup sogn	Forældre: Claus Dvinger og Ane Kirstine Nielsdatter, Grauballe	SF
Dyhr, Christen Sørensen Pedersen	∗23. jan. 1871 Svostrup sogn	Forældre: Jens Pedersen Dyhr og Gjertrud Marie Sørensdatter	GF
Dyhr, Jens Peder Andersen	∗22. sep. 1844 Svostrup sogn ✝22.feb. 1900 på sindsyge-anstalten i Viborg	Forældre: gårdmand Anders Nielsen Dyhr og Ane Mortensdatter I arrestjournalen fra Vejle Arrest beskrives han som middel af vækst, med sort hår og skæg, brune øjne, meget nærsynet og dårligt gående.	GF
Fischer, Andreas Marius	∗2. okt. 1885 Vor Frue sogn, Sokkelund herred	Forældre: guldsmedesvend Laurids Christian Ludvig Nikolaj Fischer og Ane Marie Jensen	GF
Fischer, Heinrch Valdemar	∗8. maj 1881 Skt Matthæus sogn, Sokkelund herred	Forældre: ugift Ane Marie Jensen og guldsmedesvend Laurids Christian Ludvig Nikolaj Fischer	GF
Flensborg, Andreas Madsen	Ikke opgivet	Slagtersvend	GF
Glas, Karen (Marie) Nielsdatter	∗19. maj 1823 Randers Skt. Morten ✝13. sep 1890 Svostrup sogn	Forældre: Niels Sørensen Glas og Maren Nielsdatter ~ Hans Christian Peder Hansen Ziegenfeldt	SF
Glatved, Jacob	∗8. maj 1895 Skt. Johannes sogn, Sokkelund herred	Forældre: Handelsagent Andreas Kasper Glatved og Theodora Magrethe Jensine Borch	GF
Gregersdatter, Maren	∗1729 Grønbæk sogn ✝11. dec 1800 GH	Forældre: Gregers Thomsen, Roe	GH
Gregersen, Anders	∗15. okt. 1808 Vinderslev sogn ✝24. maj 1884 Svostrup sogn	Forældre: Gregers Andersen og Inger Pedersdatter	GF

Navn	Data	Noter	
Grønbæk, Andrea Dorthea Pedersen	∗7. jun. 1865 Grønbæk sogn	Forældre: Peder Pedersen Grønbæk og Ane Andreasen Ugift, retarderet	GF SA
Grønbæk, Peder Pedersen	∗9.sep. 1819 Grønbæk sogn ✝2. jun. 1905 Svostrup sogn	Forældre: Peder Andersen og Dorte Jensdatter ~ 1. Petrine Andersdatter 2. Ane Andreasen	GF
Grønvaldt, Charlotte Marie	∗19. jun. 1830 Skt. Mortens sogn ✝19. jul. 1891 Svostrup sogn	Forældre: vejemøller Johan Christoffer Grønvaldt og Else Marie Kathrine Terkildsen, Randers ~ købmand Michael Bang i Kongensbro, Grønbæk sogn	GF
Hansdatter, Dorte Marie	∗7. jun 1833 Fårevejle sogn ✝6. sep 1912 GH	Forældre: gårdmand Hans Jensen og Sine Kathrine Christensdatter, Fårevejle ~ gårdmand Niels Jensen Sjørslev, Grønbæk	GH
Hansdatter, Marie Kirstine		Se Johansdatter	
Hansen, Carl William Martin	Ikke opgivet		SA
Hansen, Christen	∗17.dec. 1848 Svostrup sogn ✝25. mar. 1906 Svostrup sogn	Forældre: Hans Sørensen Lading og Ane Kirstine Nielsdatter Ugift, døvstum	GF
Hansen, Jens	∗10. jul. 1852 Svostrup sogn ✝23. mar. 1902 Svostrup sogn	Forældre: Hans Knudsen og Maren Nielsdatter Svinerøgter, betegnes som sindssyg og havde epilepsi Ifølge strafferegisteret for Hids Herred og Lemmebogen for arbejdsanstalten i Viborg havde han blondt rødligt hår, rødt skæg, gråblå øjne, var almindelig af højde, slank og stærk.	GF

Navn	Data	Noter	
Hansen, Karen Marie	✱3. aug. 1859 Ballerup sogn	Forældre: husmand Hans Hansen og Maren Jensdatter ~Christen Lauridsen Christensen, ægteskabet opløst Ifølge arrestjournalen fra Viborg Arrest var hun lille af vækst, middel af bygning med lyst/gråt hår og grå øjne.	GF SA
Hansen, Karen Marie	✱3. nov. 1844 Gimming sogn	Forældre: dreilsvæver Hans Remontiusen og Ane Marie Christensdatter i Tjerby ~ 1. Stenhugger Søren Sørensen Lottrup 2. fjerhandler Niels Christian Hansen, Horsens Fødte datter, Olga Margrethe Hansen på fattiggården. Ifølge Lemmebog for arbejdsanstalten i Viborg var hun blond med blå øjne, almindelig af højde og bygning og uden særlige kendetegn	GF
Hansen, Martin	Ikke opgivet		SA
Hansen, Ole	✱24. jun. 1819 Torsted sogn ✝3. jun. 1884 Svostrup sogn	Forældre: husmand Hans Olesen og Apolone Dorothea Pedersdatter ~ Petrine Pedersen	GF
Hansen, Olga Margrethe	✱9. jan. 1884 GF	Mor: enke Karen Marie Hansen (Lottrup)	GF
Hansen, Peder	✱1804 Lading sogn ✝5. jan. 1885 Svostrup sogn	Forældre: Hans Jensen og Sidse Christensdatter Teglbrænder ~ Karen Pedersdatter	GF
Hansen, Søren Anton	Ikke opgivet		SA
Henriksen, Johan	✱1758 Svostrup sogn ✝31. aug 1836 SF	Forældre: sadelmager Henrik Johansen og Johanne Lauridsdatter, Grauballe Sadelmager ~ Karen Rasmusdatter	SF
Henriksen, Kirsten Marie	✱21. jun. 1873 Svostrup sogn	Forældre: Henrik Henriksen og Kirsten Sørensdatter	GF

Navn	Data	Noter	
Hertz, Hans	Ikke opgivet		SA
Hinge, Anders Christensen	✱1767 Svostrup sogn ✝23. maj 1839 GH	Forældre: Christen Andersen Hinge og Bodil Lauridsdatter, Grauballe	GH
Hinge, Else Christensdatter	✱1772 Svostrup sogn ✝2. jan 1847 SF	(*"Vest"*) Forældre: Christen Andersen Hinge og Bodil Lauridsdatter, Grauballe ~ husmand Anders Jensen i Grauballe	SF
Holm, Ane Andersdatter	✱1719 Svostrup sogn ✝9. okt 1792 GH	Forældre: Anders Sørensen Holm, Borup	GH
Hvass, Anton Pedersen	✱23. jun. 1859 Svostrup sogn	Forældre: Peder Andersen Hvass og Kirstine Marie Jensdatter ~ Kristine Svenson	GF
Hvass, Christen Pedersen	✱28. jan. 1875 Svostrup sogn	Forældre: sandsynligvis barn af Ane Kathrine Pedersen Hvass, født i Svostrup sogn 23. mar. 1851 og en snedkersvend fra København	GF
Hvass, Emma Marie Pedersen	✱11. sep. 1886 Horsens, døbt i Svostrup	Forældre: Anton Pedersen Hvass og Kristine Svenson	GF
Hvass, Peder Berg Pedersen	✱13. jun. 1882 Hansted sogn	Forældre: Anton Pedersen Hvass og Kristine Svenson	GF
Hüttecher, Ane Elisabeth		Se Moldmann	
Høgh, Gertrud Jensdatter	✱1737 Grønbæk sogn ✝13. okt 1805 GH	Forældre: Jens Høgh og Apelone Pedersdatter, Grønbæk ~ 1. Niels Høgh, Grønbæk 2. Thomas Sørensen, Grønbæk	GH
Højberg, Else Sørensdatter	✱omk. 1717 ✝9. okt 1796 GH	"Else Potmagers" ~ Christen Jørgensen	GH

Navn	Data	Noter	
Iversen, Søren	✱omk. 1729 ✝28. okt 1810 GH	Sandsynligvis en søn af Iver Sørensen, Grønbæk Enkemand	GH
Jacobsdatter, Ane Kathrine	✱omk. 1719 Skåne ✝2. okt 1795 GH	~ 1. Mads Thomsen, Braarup 2. Thomas Jensen, Roe	GH
Jacobsdatter, Birgitte	✱5. jun 1843 Haderup sogn ✝18. jan 1918 GH	Forældre: boelsmand Jacob Andersen og Birte Marie Pedersdatter, Hastrup ~ Niels Peder Pedersen, Grønbæk	GH
Jacobsen, Ane Johanne Marie	✱26. maj 1881 Svostrup sogn	Forældre: Jacob Kramer og Madsine Knudsen Ifølge arrestjournalen fra Hads Herred var hun over middel af højde, almindelig af bygnig med blondt hår. Øjenfarven har betjentene ikke været enige om, for der står blå ved nogle af indførslerne og brun ved andre	GF SA
Jensdatter, Ane	✱omk. 1750 ✝19. maj 1830 GH	*"Ane Væver"* ~ Anders Jensen	GH
Jensdatter, Ane	✱1777 Lemming sogn ✝21. aug 1859 GH	Forældre: ugift Ane Nielsdatter og ungkarl Jens Poulsen, Lemming Stedfar: hyrde Laurs Pedersen, Grauballe Ugift, døvstum	SF GH
Jensdatter, Ane	✱omk. 1797 ✝29. jul 1878 GH	~ Jens Jensen, Allingskovgårds Mark	GH
Jensdatter, Ane Kathrine	✱7. maj 1778 Svostrup sogn ✝8. apr 1857 GH	Forældre: smed Jens Pedersen og Ane Madsdatte, Grauballe ~ Søren Jensen, Grauballe	GH
Jensdatter, Ane Marie	✱omk. 1786 ✝26. feb 1821 GH	Forældre: Jens Jensen og Frederikke Johansdatter, Grølsted	GH
Jensdatter, Inger	✱omk. 1759 Gødvad sogn ✝22. maj 1836 GH	Forældre: Jens Thøgersen og Ane Johanne Sørensdatter, Gødvad ~ Anders Rasmussen, Nebel	GH

Navn	Data	Noter	
Jensdatter, Kirsten	∗22. jul 1826 Egå sogn ✝18. nov 1891 GH	Forældre: husmand Jens Jensen og Karen Nielsdatter, Egå Enke	GH
Jensdatter, Kirsten	∗1758 Svostrup sogn ✝24. maj 1840 GH	Far: hyrde Jens Christensen, Borup Opvarterske på Grønbæk Hospital ~ husmand Anders Andersen, Iller	GH
Jensdatter, Maren	∗7. mar 1798 Vroue Sogn ✝24. feb 1884 GH	*"Maren Vroue"* Forældre: gårdmand Jens Jensen og Ane Jensdatter i Vittrup ~ 1. Søren Pedersen, Vrou 2. Søren Sørensen, Sahl	GH
Jensdatter, Maren	∗omk. 1722		GH
Jensdatter, Maren	∗omk. 1708		GH
Jensdatter, Maren	∗omk. 1719 ✝8. feb 1801 GH	~ Anders Pedersen (*"Den blinde"*)	GH
Jensdatter, Maren	∗1766 Svostrup sogn ✝18.aug 1838 GH	*"Smed Maren"* Forældre: Jens Smed, Grauballe Ugift	GH
Jensdatter, Margrethe	∗15. jul 1789 Grønbæk sogn ✝14. dec 1870 GH	Forældre: Jens Nielsen og Mette Pedersdatter, Iller Ugift	GH
Jensdatter, Marie Elisabeth	∗1736 Svostrup sogn ✝7. okt 1815 GH	Forældre: Jens snedker, Asmildgårde	GH
Jensdatter, Mette	∗omk. 1733 ✝3. aug 1811 GH	~ hyrde Johan Laursen, Dalsgård	GH
Jensdatter, Mette	∗omk. 1767		GH

Navn	Data	Noter	
Jensdatter, Mette Marie	∗1753 Svostrup sogn ✝18. jun 1841 GH	Forældre: væver Jens Madsen og Bodil Mouritzdatter, Grauballe ~ Peiter Nielsen	GH
Jensen, Alma Dorothea Laurette	∗15. aug. 1886 Skt. Marie sogn, Flensborg ✝5. feb. 1962 Skt. Lukas sogn	Forældre: Johan Jensen og Frederikke Christensen	GF
Jensen, Ane Kathrine	∗21. aug. 1865 Grønbæk sogn ✝25. maj 1890 Svostrup sogn	Forældre: Jens Peder Sørensen og Ane Kathrine Thomsen, Iller Hede	GF GF
Jensen, Ane Kirstine	∗26. apr. 1827 Tvilum sogn ✝9. apr.1886 Svostrup sogn	Forældre: Jens Henriksen og Maren Pedersdatter ~ Peder Kramer	GF
Jensen, Ane Kirstine	∗21. okt 1860 Grønbæk ✝8. maj 1930 GH	Forældre: gårdejer Jens Pedersen og Margrethe Sørensen, Naderup købmand og boelsmand Niels Simonsen, Roe	GH
Jensen, Ane Kirstine	∗16. jul 1844 Svostrup sogn	Forældre: Jens Mortensen og Maren Ditlevsdatter, Grauballe	SF
Jensen, Ane Marie	∗11. feb 1841 Svostrup sogn	Forældre: Jens Mortensen og Maren Ditlevsdatter, Grauballe	SF
Jensen, Barbara Kirstine	∗19. apr. 1839 Onsbjerg sogn ✝12. mar. 1884 Horsens Vor Frelser sogn	Forældre: Jens Christian Nielsen Knudsen og Mette Sørensdatter ~ Magnus Rudolf Kraul	GF
Jensen, Christen	∗23. sep.1871 Svostrup sogn	Forældre: indsidder Peder Jensen og Kirstine Pedersen	GF
Jensen, Eline Kirstine	∗5. aug. 1856 Grønbæk sogn	Forældre: Jens Jensen og Karen Kirstine Andersen Ugift, retarderet	GF SA
Jensen, Else Kirstine	∗4. nov. 1850 Hørby sogn	Forældre: gift kone Maren Kirstine Pedersen og ungkarl soldat Jens Jensen ~ Hans Pedersen	GF

Navn	Data	Noter	
Jensen, Herman Josva	✱4. nov. 1891 Tømmerby sogn	Forældre: husmand Christen Strander Jensen og Maren Jensen	SA
Jensen, Inger Marie	✱1812 Balle sogn ✝25. dec. 1888 Svostrup sogn	Forældre: Jens Knudsen og Dorte Andersdatter ~ Niels Nielsen Bjerring	GF
Jensen, Jens	✱9. okt.1869 Vinderslev sogn	Forældre: indsidder Peder Jensen og Kirstine Pedersen	GF
Jensen, Jens Peder		Se Christensen	
Jensen, Jens Peder	✱15. apr.1837 Grønbæk sogn ✝13. jul. 1892 Svostrup sogn	Forældre: Jens Jensen og Maren Pedersdatter	GF
Jensen, Jens Peder	✱14. okt.1820 Vinderslev sogn ✝29. apr. 1884 Svostrup sogn	Forældre: Jens Sørensen og Maren Jepsdatter ~ Ane Kirstine Jensen	SF GF
Jensen, Jens Peder	✱6. jul. 1877 Svostrup sogn	Forældre: indsidder Peder Jensen og Kirstine Pedersen	GF
Jensen, Johan Valdemar	✱5. aug.1889 Grønbæk sogn ✝9. jan.1890 Svostrup sogn	Forældre: ugift Ane Kathrine Jensen og bagersvend Nikolaj Iver Nielsen, København	GF
Jensen, Johanne	✱14. okt.1888 GF ✝17. feb. 1891 Svostrup sogn	Forældre: Johan Jensen og Frederikke Christensen	GF
Jensen, Jørgen	✱14.jun.1829 Svostrup sogn ✝2. jun. 1905 Svostrup sogn	Forældre: Jens Jørgensen og Ane Jørgensdatter Understøttelsesmedlem	GF
Jensen, Mariane	✱11. okt. 1837 Grønbæk sogn	Forældre: indsidder Jens Jørgensen og Maren Simonsdatter ~ Anders Larsen Andersen	GF

Navn	Data	Noter	
Jensen, Marie	∗13. feb 1860 Balle sogn ✝19. nov 1944 GH	Forældre: husmand Knud Jensen og Kirsten Marie Jensen, Overgård Mark ~ 1. husmand og murer Søren Pedersen, Riis Mark 2. husmand Søren Hansen, Riis	GH
Jensen, Marie	∗25. jun 1866 Højberg sogn ✝30. apr 1931 GH	Forældre: lærer Jens Christian Sørensen og Johanne Kristine Nielsdatter, Tange Ugift	GH
Jensen, Marinus	∗omk. 1883 Flensborg	Forældre: Johan Jensen og Frederikke Christensen	GF
Jensen, Mette Marie	∗6. okt 1851 Borup sogn ✝17. dec 1930 GH	Forældre: indsidder Jens Christian Nielsen og Ane Andersdatter, Helsted ~ husmand Hans Andersen, Frausing Opvarterske på Grønbæk Hospital	GH
Jensen, Morten	∗23. maj 1833 Svostrup sogn ✝23. okt.1915 Svostrup sogn	Forældre: Jens Mortensen og Maren Ditlevsen Understøttelsesmedlem	SA
Jensen, Niels Carl Johan	∗14. mar. 1881 Nørre Tranders sogn	Forældre: ugift Kirsten Marie Jensen og tømrer Frederik Christiansen	GF
Jensen, Peder	∗1768 Svostrup sogn	Forældre: Karen Pedersdatter og Jens Thomsen, Borup ~ Ane Marie Thomasdatter	SF
Jensen, Poul	∗7. mar 1786 Grønbæk sogn ✝23. sep 1851 GH	Forældre: Jens Poulsen og Ane Sørensdatter, Iller ~ Ane Pedersdatter	GH
Jensen, Poul E.	Ikke opgivet		SA
Jensen, Rasmus	∗25. jan. 1814 Grønbæk sogn ✝14. jan. 1889 Svostrup sogn	Forældre: ugift Mette Marie Christensdatter og Jens Rasmussen Tidligere røgter på Grauballegård	GF
Joensen, Jens	∗23. feb 1777 Grønbæk sogn ✝5. apr 1830 GH	Forældre: Joen Andersen og Ane Jensdatter, Grønbæk ~ Ane Christensdatter	GH

Navn	Data	Noter	
Johansdatter, Johanne	✱28. maj 1781 Svostrup sogn ✝24. maj 1860 GH	Forældre: Johan Henriksen og Karen Rasmusdatter, Grauballe Ugift	SF GH
Johansdatter, Marie Kirstine	✱29. sep. 1817 Svostrup sogn	*"Marie Hus"* Forældre: Johan Jacobsen og Ane Kirstine Thomasdatter I Lemmebogen kaldes hun Hansdatter.	GF
Johansen, Carl Peder	✱13. sep. 1875 Svostrup sogn	Forældre: ugift Oline Marie Kirstine Johansen og ungkarl Niels Peder Christensen fra Mors Døvstum, betegnes som idiot. Flyttet til Harboøre Kommune	GF
Johnsen, Rasmus	✱16. maj 1833 Levring sogn ✝5. mar. 1913 Svostrup sogn	Forældre: John Espersen og Johanne Nielsdatter Ugift, skrædder, understøttelsesmedlem Ifølge arrestjournalen fra Kjellerup Arrest var han blond med blå øjne	GF SA
Just, Anders Christensen	✱19.sep. 1828 Grønbæk sogn ✝21. jan. 1898 på sindssyge-anstalten i Viborg	Forældre: Christen Justsen og Maren Sørensdatter Separeret	GF
Justsen, Peder	✱omk. 1710 ✝18. apr 1783 GH	~ Ane Nielsdatter	GH
Jørgensdatter, Johanne Marie		Se Skytte	
Jørgensdatter, Lisbeth	✱omk. 1853 ✝11. dec 1801 Grønbæk sogn	Mor til Jørgen Andersen	GH
Jørgensen, Maren	✱9. nov 1857 Veng sogn ✝23. apr 1917 GH	Forældre: indsidder Jørgen Christoffersen og Ane Kirstine Sørensen, Veng ~ smed Niels Christian Skov, Grønbæk Opvarterske på Grønbæk Hospital	GH
Jørgensen, Mette Kathrine	✱6. feb 1859 Grønbæk sogn ✝17. apr 1947 GH	Forældre: boelsmand Jørgen Simon Jensen og Karen Christensdatter ~ boelsmand Jacob Jørgensen, Roe	GH

Navn	Data	Noter	
Karup, Ane Marie Hansdatter	∗omk. 1714 ✝25. feb 1796 GH	~ Johan Lorentzen, Roe	GH
Kjærsgaard, Ane Jensdatter	∗9. okt 1782 Grønbæk sogn ✝30. okt 1844 GH	Forældre: Jens Jensen Kjærsgaard og Ane Sørensdatter, Grønbæk Ugift	GH
Knudsen, Jens Pedersen		Se Pedersen	
Kramer, Ane Kirstine Olesdatter	∗29. sep. 1810 Grønbæk sogn ✝26. jul. 1898 Svostrup sogn	Forældre: ugift Dorthea Jensdatter og Ole? ~ Thomas Kramer, Grønbæk	GF
Kramer, Ane Marie Magdalene	∗4. aug 1838 Frederiks sogn ✝26. okt 1926 GH	*"Marie Eppesen"* Forældre: husmand Johan Georg Kramer og Marie Elisabeth Harritz, Frederikshøj ~ husmand Niels Christensen, Grønbækhuse	GH
Kraul, Carl Alexander Kjerulf	∗18. dec. 1883 Horsens Vor Frelser sogn	Forældre: Magnus Rudolf Kraul og Barbara Kirstine Jensen	GF
Kraul, Hans Julius Ludvig	∗29. maj 1875 Grønbæk sogn	Forældre: Magnus Rudolf Kraul og Barbara Kirstine Jensen	GF
Kraul, Julius Alfred	∗10. mar. 1878 Grønbæk sogn	Forældre: Magnus Rudolf Kraul og Barbara Kirstine Jensen	GF
Kraul, Jørgen Michael	∗8. jan. 1882 Horsens Vor Frelser sogn	Forældre: Magnus Rudolf Kraul og Barbara Kirstine Jensen	GF
Kraul, Magnus Rudolf	∗8. apr. 1835 Horsens Vor Frelser sogn ✝30.okt 1902 Horsens Vor Frelser sogn	Forældre: Peder Christian Kraul og Karen Jørgensdatter Hansen ~ Barbara Kirstine Jensen Skomager	GF
Kraul, Magnus Rudolf	∗19. apr. 1873 Grønbæk sogn	Forældre: Magnus Rudolf Kraul og Barbara Kirstine Jensen Ikke nævnt ved navn i lemmebog eller dagbog	GF

Navn	Data	Noter	
Kraul, Peder Christian Valdemar	✱20. sep. 1869 Grønbæk sogn	Forældre: Magnus Rudolf Kraul og Barbara Kirstine Jensen Ikke nævnt ved navn i lemmebog eller dagbog	GF
Kraul, Sylvester Osmand Gustav	✱10. mar. 1878 Grønbæk sogn	Forældre: Magnus Rudolf Kraul og Barbara Kirstine Jensen	GF
Kusk, Kirsten Marie Nielsen	✱15. sep. 1870 Svostrup sogn ✝3. nov. 1894 Svostrup sogn	Forældre: Anders Nielsen Kusk og Karen Marie Andersen	GF
Larensdatter, Maren	✱omk. 1790 ✝9. jul 1882 GH	Enke	GH
Lauridsdatter, Eva Marie	✱omk. 1799 Frederiks sogn	Forældre: Laurids Jensen og Ide Thomasdatter, Haurdal ~ 1. Husmand Anders Jørgensen, Vellev 2. husmand Rasmus Christensen, Gulev 3. skolelærer Niels Sjørslev, Grønbæk	SF
Laursen, Ane Kathrine	✱22. apr. 1882 Haldum sogn	Forældre: Jens Peder Laursen og Else Marie Sørensen	GF
Laursen, Ane Kirstine	✱10.feb. 1881 Haldum sogn	Forældre: Jens Peder Laursen og Else Marie Sørensen	GF
Laursen, Helene Jensine	✱27.apr. 1875 Svostrup sogn døbt i Grønbæk	Forældre: Jens Peder Laursen og Helene Kirsten Rasmussen	GF
Laursen, Jens Carl Christian	✱7. apr. 1872 Vor Frue sogn, Aarhus	Forældre: Hans Laursen og Oline Sofie Jensen	GF
Laursen, Jens Peder	✱16. okt. 1832 Tvilum sogn ✝12. maj 1885 Svostrup sogn	Forældre: Laurs Sørensen og Karen Laursdatter. Snedker. ~ Else Marie Sørensen	GF
Laursen, Mette Marie	✱29. jan. 1874 Svostrup sogn døbt i Grønbæk	Forældre: Jens Peder Laursen og Helene Kirsten Rasmussen	GF

Navn	Data	Noter	
Laursen, Søren Cristian	∗27. sep. 1879 Svostrup sogn døbt i Grønbæk	Forældre: Jens Peder Laursen og Else Marie Sørensen	GF
Lottrup, Cornelius Bennedikt Brammer Aagaard Sørensen	∗13. jan. 1879 Vejerslev sogn	Forældre: Søren Sørensen Lottrup og Karen Marie Hansen	GF
Lottrup, Godtfred Aagaard Sørensen	∗9. apr. 1874 Vejerslev sogn	Forældre: Søren Sørensen Lottrup og Karen Marie Hansen	GF
Lottrup, Hansine Laura Aagaard Sørensen	∗25. jun. 1865 Svostrup sogn	Forældre: Søren Sørensen Lottrup og Mariane Hansdatter Fødte søn, Søren Sørensen, på Fattiggården	GF
Lottrup, Mariane Dusine Aagaard Sørensen	∗15. nov. 1871 Vejerslev sogn	Forældre: Søren Sørensen Lottrup og Karen Marie Hansen	GF
Lottrup, Marie Aagaard Sørensen	∗3. sep. 1876 Vejerslev sogn	Forældre: Søren Sørensen Lottrup og Karen Marie Hansen	GF
Lottrup, Martin Hans Aagaard Sørensen	∗20. feb. 1869 Svostrup sogn ✝31. jul. 1887 Svostrup sogn	Forældre: Søren Sørensen Lottrup og Karen Marie Hansen	GF
Lottrup, Sofie Karen Marie Aagaard Sørensen	∗14. jul. 1881 Vejerslev sogn	Forældre: Søren Sørensen Lottrup og Karen Marie Hansen	GF
Lottrup, Sørenmine Sine Aagaard Sørensen	∗30. okt. 1855 Svostrup sogn	Forældre: Søren Sørensen Lottrup og Mariane Hansdatter	GF
Louring, Ane	∗omk. 1743 ✝15. apr 1819 GH		GH

Navn	Data	Noter	
Louring, Ane Andersdatter	∗1738 Grønbæk sogn ✝21. feb 1795 Grønbæk Sogn	Forældre: Anders Louring og Ane Thomasdatter, Iller Trolovet med enkemand Mads Sørensen i Iller 22. feb 1773. Trolovelsen ophævet 17. mar 1774.	GH
Louring, Ane Christensdatter	∗25. okt 1784 Grønbæk sogn 12. nov 1858 GH	Forældre: Christen Andersen Louring og Ane Pedersdatter, Iller ~ Peder Laursen	GH
Louring, Karen Andersdatter	∗1730 Grønbæk sogn ✝11. feb 1807 Grønbæk Sogn	Forældre: Anders Louring og Ane Thomasdatter, Iller Ugift, opvarterske på Grønbæk Hospital	GH
Louring, Mette Christensdatter	∗26. sep 1789 Grønbæk sogn ✝21. maj 1842 GH	Forældre: Christen Andersen Louring og Ane Pedersdatter, Iller ~ Peder Laursen	GH
Louring, Mette Marie Christensdatter	∗21. jun 1787 Grønbæk sogn ✝24. feb 1861 GH	Forældre: Christen Andersen Louring og Ane Pedersdatter, Iller Opvarterske på Grønbæk Hospital Ugift	GH
Madsdatter, Inger Kathrine	∗omk. 1785	Mormor: Karen Andersdatter	GH
Madsdatter, Maren	∗19. jul 1780 Grønbæk sogn ✝20. dec 1859 GH	Forældre: Mads Sørensen og Ane Christensdatter, Iller Ugift	GH
Madsen, Anders	∗12. nov 1773 Grønbæk sogn	*"Anders Louring"* Forældre: ugift Ane Andersdatter Louring og Mads Sørensen, Iller Forældrene blev trolovede 22. feb 1773. Trolovelsen ophævet 17. mar 1774.	GH
Madsen, Laura Kirstine	∗7. okt. 1844 Gulev sogn ✝20. jan. 1915 Svostrup sogn	Forældre: skolelærer L. G. Madsen og Ane Kathrine Jensdatter Ugift	GF SA
Mikkelsdatter, Ane Elisabeth		Se Wacher	

Navn	Data	Noter	
Mogensdatter, Ane	✱6. feb. 1815 Svostrup sogn ✝11. mar. 1898 Svostrup sogn	Forældre: gårdbruger Mogens Jensen og Ane Marie Sørensdatter	GF
Mollmann, Ane Elisabeth	✱24. maj 1818 Dammersdorf, Tyskland (SP) ✝24. apr. 1909 Svostrup sogn	~ Johan Christian David Hüttecher ægteskabet opløst ved skilsmisse	GF SA
Mortensdatter, Birte Marie	✱31. mar 1803 Højbjerg sogn ✝21. feb 1870 GH	Forældre: gårdmand Morten Sørensen og Mette Kirstine Nielsdatter, Tange ~ Niels Rod	GH
Mortensen, Jens	✱15. jun 1802 Søby sogn ✝14. jun 1864 SF	Forældre: Morten Jensen og Maren Jensdatter, Hedegården ~ Maren Ditlevsdatter	SF
Muhle, Cæcar Boech	✱18. mar. 1826 Vor frue sogn, Sokkelund ✝1. mar. 1894 Svostrup sogn	Forældre: sekretær ved den færøske handel Carl Adolf Muhle og Jacobine Luno	GF
Nebel, Søren Christensen	✱30. dec. 1804 Svostrup sogn ✝3. aug. 1881 kl. 23.30 Svostrup sogn	I lemmebogen står, at han er født 17. sep.1805, men i kirkebogen er ikke nogen indført den dag. 30.dec.1804 er der en Søren Christensen, som senere kommer til at bo i Nebel. Det er sandsynligvis ham. Forældre: Christen Pedersen og Mette Kirstine Sørensdatter ~ Ane Andersdatter Hvass	GF
Nielsdatter, Ane Kirstine	✱1794 Serup sogn	Forældre: Niels Sørensen og Dorte Jensdatter, Høgdal ~ Claus Dvinger	SF
Nielsdatter, Ane Margrethe	✱19. maj 1851 Sønder Vinge ✝16. maj 1930 GH	Forældre: indsidder Niels Sørensen og Ane Marie Jensdatter, Sønder Vinge ~ husmand Hans Hansen, Illerhede, Grønbæk sogn	GH
Nielsdatter, Ane Marie	✱5. apr. 1824 Sevel sogn (kirkebog ulæselig) ✝29. jun. 1907 Svostrup sogn	*"Marie Møllersvend"* Forældre: Niels Madsen og Karen Pedersdatter ~ Jacob Nielsen	SA

Navn	Data	Noter	
Nielsdatter, Karen	∗omk. 1768 ✝24. aug 1849 GH	~ hyrde Christen Rasmussen, Illerhuse	GH
Nielsdatter, Kirstine Marie	∗10. jul. 1834 Funder sogn ✝30. mar. 1913 Svostrup sogn	Forældre: Niels Sørensen og Ane Kirstine Nielsdatter ~ Carl Johan Andersen	SA
Nielsdatter, Maren	∗3. okt 1796 Grønbæk sogn	Forældre: Niels Andersen og Johanne Kirstine Jensdatter, Ans	GH
Nielsdatter, Mette	∗omk. 1738 ✝29. jan 1807 GH	Ugift	GH
Nielsen, Anders Peder	∗2. dec. 1994 Dråby sogn	Forældre: Poul Peder Christian Nielsen og Ane Marie Otilie Andersen	GF
Nielsen, Anthomine	∗8. aug. 1870 Silkeborg sogn	Forældre: Anthon Jensen og Inger Johanne Nielsen Stedfar: Jens Peder Simonsen	GF
Nielsen, Hans Christian	Ikke opgivet		SA
Nielsen, Hans Jørgen Christian	Ikke opgivet		SA
Nielsen, Hans Martinus	Ikke opgivet		SA
Nielsen, Inger Johanne	∗3. feb. 1843 Sunds sogn	Forældre: indsidder Niels Olsen og Ane Poulsdatter ~ 1. Anthon Jensen 2. Jens Peder Simonsen	GF
Nielsen, Jens Peder	Ikke opgivet		SA
Nielsen, Jørgen Peder	∗8. feb. 1858 Kragelund sogn døbt i Svostrup	Der er sandsynligvis tale om denne Jørgen Peder Nielsen. Forældre: ugift Rasmine Nielsen, Kragelund, og ungkarl Hans Christian Eriksen	GF

Navn	Data	Noter	
Nielsen, Kamilla Maria Magdalene	✱25. okt. 1895 GF ✝30. nov. 1895 Svostrup sogn	Forældre: Niels Peder Nielsen og Mette Marie Vang	GF
Nielsen, Karen	✱7. jan 1860 Granslev sogn ✝30. nov 1933 GH	Forældre: husmand Poul Nielsen og Ane Kirstine Henriksdatter, Vrangstrup ~ husmand Andreas Faarvang, Borup	GH
Nielsen, Laurine Kirstine	✱19. apr 1878 Grønbæk sogn ✝18. okt 1911 GH	Forældre: Husmand Niels Christensen og Ane Marie Magdalene Kramer, Grønbækhuse Ugift	GH
Nielsen, Laust	✱1. apr. 1836 Vium sogn ✝22. mar. 1914 Svostrup sogn	Forældre: Niels Christiansen Jensen og Mette Pedersdatter Ugift	GF SA
Nielsen, Mikkel	Ikke opgivet		GF
Nielsen, Niels	✱omk. 1768 ✝21. nov 1838 GH		GH
Nielsen, Niels Christian	✱omk. 1823 Viborg (FT)		GF
Nielsen, Niels Martinus	✱15. feb 1901 GF	Forældre: ugift Severine Josefine Nielsen og ungkarl Jens Peder Jensen i Iller	GF
Nielsen, Niels Peder	✱22. jan 1835 Svostrup sogn	Forældre: indsidder Peder Jensen og Ane Marie Thomasdatter, Grauballe	SF
Nielsen, Niels Peder Carl		Se Sørensen, Niels Peder Carl	
Nielsen, Peiter	✱omk. 1744 ✝9. maj 1823 GH	Hyrde i Svostrup ~ Mette Marie Jensdatter	GH
Nielsen, Severine Josefine	✱1. mar. 1880 Tolstrup sogn	Forældre: ugift Kristine Svendsen og ungkarl Søren Nielsen Fødte en søn, Niels Martinus Nielsen, på fattiggården	GF

Navn	Data	Noter	
Nielsen, Sofus	✱28. aug. 1892 Dråby sogn	Forældre: Poul Peder Christian Nielsen og Ane Marie Otilie Andersen	GF
Nielsen, Søren	✱omk. 1719 ✝8. sep 1782 Svostrup sogn	Døde hos sønnen Jens Sørensen i Svostrup ~ Maren Jensdatter	GH
Nielsen, Valdemar	Ikke opgivet	Forældre: Poul Peder Christian Nielsen og Ane Marie Otilie Andersen	GF
Nilsson, Johannes	✱omk. 1834 Sverige	*"Svensker"* ~ Mette Jensen Vibholt	GF
Nørgaard, Anders Jensen	✱3. nov 1793 Grønbæk sogn	Forældre: Jens Christensen Nørgaard og Kirsten Andersdatter, Iller	GH
Nørgaard, Ane Jensdatter	✱9. aug 1787 Grønbæk sogn	Forældre: Jens Christensen Nørgaard og Kirsten Andersdatter, Iller	GH
Nørgaard, Maren Jensdatter	✱10. maj 1790 Grønbæk sogn	Forældre: Jens Christensen Nørgaard og Kirsten Andersdatter, Iller	GH
Olesdatter, Ane	✱5. mar. 1806 Ølst sogn ✝1. mar. 1892 Gjern sogn	Forældre: indsidder Ole Jensen og Ingeborg Pedersdatter ~ Rasmus Christiansen	GF
Pedersdatter, Ane	✱omk. 1811 Gødvad sogn (KB ulæselig) ✝9. mar 1894 GH	Forældre: gårdmand Peder Nielsen og Hanne Nielsen i Gødvad ~ 1. hjulmand Rasmus Christensen, Svostrup 2. husmand Søren Sørensen Bull, Svostrup	GH
Pedersdatter, Elle	✱14. nov 1820 Svostrup sogn ✝18. maj 1895 GH	Forældre: væver Peder Jensen og Ane Laursdatter, Grauballe Ugift	GH
Pedersdatter, Else	✱1750 Svostrup sogn ✝22. feb 1842 GH	Far: Peder Pedersen, Nebel ~ Mikkel Andersen i Borup	GH
Pedersdatter, Karen	✱21. maj 1821 Aulum sogn ✝4. jan. 1896 Svostrup sogn	Forældre: Peder Larsen og Karen Larsdatter Understøttelsesmedlem	GF

Navn	Data	Noter	
Pedersdatter, Mette	✱omk. 1718 ✝4. okt 1802 GH	~ Niels Peitersen	GH
Pedersdatter, Petrine	✱27. jul. 1828 Svostrup sogn ✝17. okt. 1885 Svostrup sogn	Forældre: ugift Maren Andersdatter, Grauballe, og ungkarl Peder Christensen, Skorup ~ Ole Hansen Halvbror: Anders Peder Sørensen Svostrup	GF SF
Pedersen, Niels Peder	✱22. jan 1835 Svostrup sogn	Forældre: indsidder Peder Jensen og Ane Marie Thomasdatter, Svostrup	SF
Pedersen, Anders	✱omk. 1731 ✝3. jan 1797 GH	*"Den blinde"* ~ Maren Jensdatter	GH
Pedersen, Andreas	✱23. jan. 1842 Grønbæk sogn	Forældre: husmand Peder Hansen og Frederikke Magrethe Remmerhof, Iller. Sindssyg, sandsynligvis p.g.a. druk. I kilderne kaldes han *"ruseren Andreas"*.	GF
Pedersen, Christian		Se Dyhr Der er sandsynligvis tale om Christen Sørensen Pedersen Dyhr	
Pedersen, Esper	✱23. sep. 1831 Pederstrup sogn ✝16. maj 1903 Svostrup sogn	Forældre: Peder Pedersen og Kirsten Jacobsdatter Ifølge arrestjournalen fra Kjellerup Arrest havde han sort hår og brune øjne.	GF
Pedersen, Frederik	✱6. maj 1837 Seest sogn ✝7. apr. 1913 Svostrup sogn	Forældre: ugift Mariane Sofie Kalhof og ungkarl Lars Peder Hagelund ~ Mariane Pedersen	SA
Pedersen, Frederik		Se Bitch	
Pedersen, Hans	✱4. aug. 1849 Tulstrup sogn	Indlagt pga. ildebrand Forældre: Peder Hansen og Mette Marie Andersdatter ~ 1. med Ane Marie Christiansen 2. Else Kirstine Jensen	GF
Pedersen, Inger Kathrine	✱31. jan. 1873 Vindum sogn	*"Trine Borres"* Forældre: Christen Pedersen Borre og Ane Marie Christensen Ifølge arrestjournalen fra Kjellerup Arrest var hun blond og havde brune øjne.	GF

Navn	Data	Noter	
Pedersen, Jens	20. mar. 1833 Søby sogn ✝14.jun. 1914 Svostrup sogn	Forældre: ugift Ane Sofie Jensdatter, Hedegården i Søby, og ungkarl Peder Sørensen, soldat i København Understøttelsesmedlem	SA
Pedersen, Jens	✱13. feb. 1814 Balle sogn ✝21. maj 1896 Svostrup sogn	*"Jens Knudsen"* Forældre: Peder Knudsen og Johanne Madsdatter ~ Dorthea Nielsen	GF
Pedersen, Jensine	✱7. jul. 1866 Lem sogn	Forældre: Peder Andersen og Kirstine Marie Jensen	GF
Pedersen, Kristiane	✱6. feb. 1887 GF	Forældre: ugift Else Kirstine Jensen og enkemand Hans Pedersen, forældrene blev efterfølgende gift med hinanden	GF
Pedersen, Laurids Emil	Ikke opgivet		SA
Pedersen, Peder	✱omk. 1719 ✝11. mar 1804 GH		GH
Pedersen, Peder	✱14. jun 1821 Svostrup sogn	Forældre: ugift Ane Jensdatter, døvstum, og gift soldat Peder Laursen	SF
Pedersen, Peder Ditlev	✱2. nov. 1857 Skt. Mortens sogn, Randers	Forældre: smed Laurids Pedersen og Marie Magrethe Rattche Skærsliber og glarmester I flge arrestjournalen fra Kjellerup Arrest var han 163 cm høj, almindelig af bygning med mørkt hår og brune øjne og ar på højre hånds tommel-og pegefinger. I arrestjournalen fra Viborg Arrest beskrives han som gråhåret med grå øjne.	GF
Pelsen, Jens Jensen	✱natten mellem 2. og 3. feb. 1814 Lemming sogn ✝19. nov. 1899 Svostrup sogn	Forældre: Jens Jensen Pelsen og Johanne Christensen Understøttelsesmedlem ~ 1. Karen Sørensdatter, død 16. sep. 1859, 2. Else Kathrine Andersen	GF
Quie, Carl Ivar Jensen	✱18. maj 1853 Aarhus Domsogn	Forældre: murersvend Jens Peder Quie og Kirstine Marie Henriksdatter	GF
Rasmusdatter, Ane Kirstine	✱21. jan 1827 Svostrup sogn	Forældre: Rasmus Nielsen Hjort og Mette Sørensdatter ~ Anders Peder Andersen	SA

Navn	Data	Noter	
Rasmussen, Anton	Ikke opgivet		SA
Rasmussen, Anders	✱1757 Svostrup sogn ✝8. feb 1830 GH	*"Anders Rask"* Forældre: Rasmus Sørensen og Ane Christensdatter, Grauballe	GH
Rasmussen, Christen	✱1764 Svostrup sogn ✝22. sep 1843 GH	Forældre: hyrde Rasmus Pedersen og Ane Christensdatter, Grauballe	GH
Rasmussen, Rasmine Karoline	✱10. mar 1846 Grønbæk sogn ✝17. nov 1911 GH	Forældre: smed Rasmus Nielsen og Ane Elisabeth Mikkelsdatter, Ans Ugift	GH
Roed, Kirsten Nielsdatter	✱omk. 1755 ✝20. dec 1787 Grønbæk sogn	Forældre: Niels Roed, Iller I kirkebogen kaldes hun "den vanvittige pige". Hun boede på GH i en periode omkring 1782, men døde i Iller.	GH
Roed, Niels Jensen	✱22. apr 1794 Højbjerg sogn ✝19. apr 1866 GH	Forældre: Niels Roed og Karen Nielsdatter, Tange ~ Birte Marie Mortensdatter	GH
Rummer, Nicolaj	✱omk. 1741 ✝27. aug 1826 GH	Musketer	GH
Rustrup, Mette Laursdatter	✱17. sep 1783 Svostrup sogn ✝5. okt 1850 SF	Forældre: Laurs Nielsen Rustrup og Maren Rasmusdatter, Grauballe Ugift	SF
Rustrup, Niels Laursen	✱12. maj 1789 Svostrup sogn ✝4. maj 1858 SF	Forældre: Laurs Nielsen Rustrup og Maren Rasmusdatter, Grauballe ~ Ane Kirstine Sørensdatter	SF
Rustrup, Laurs Thomsen	✱1754 Grønbæk sogn ✝28. dec 1841 GH	Forældre: Thomas Lauridsen Rustrup og Mette Pedersdatter, Grønbæk ~ 1. Mette Christensdatter 2. Mette Pedersdatter	GH
Sejling, Maren Pedersdatter	✱omk. 1754 ✝26. jan 1807 GH		GH

Navn	Data	Noter	
Simonsdatter, Johanne	∗1720 Grønbæk sogn ✝20. okt 1792 GH	Forældre: Simon Pedersen og Maren Nielsdatter i Iller ~ Jørgen Nielsen Skytte	GH
Simonsen, Anton	∗27. sep. 1882 GF ✝21. aug 1943 Silkeborg sogn	Forældre: ugift Bertoline Simonsen og ungkarl, skomager Rasmus Andersen i Låsby.	GF
Simonsen, Bertoline	∗18. jan. 1860 Svostrup sogn ✝1.aug 1923 Silkeborg sogn	Forældre: Simon Pedersen og Maren Jensen, Allingskovgårds mark Fødte søn, Anton Simonsen, på fattiggården	GF
Simonsen, Jens Peder	∗5. jul.1844 Svostrup sogn	Forældre: Maren Jensdatter og hendes forlovede, Simon Pedersen ~ Inger johanne Nielsen	GF
Simonsen, Maren	∗15. jul.1880 Grønbæk sogn	Forældre: Jens Peder Simonsen og Inger Johanne Nielsen	GF
Simonsen, Niels Peder	∗11.jun.1878 Grønbæk sogn	Forældre: Jens Peder Simonsen og Inger Johanne Nielsen	GF
Skov, Maren		Se Jørgensen	
Skytte, Johanne Marie Jørgensdatter	∗1767 Grønbæk sogn ✝7. feb 1849 GH	Forældre: Jørgen Nielsen Skytte og Johanne Simonsdatter, Ans ~ Peder Pedersen Dyhr, Roe	GH
Sveistrup, Peder Pedersen	∗27. jan 1809 Granslev sogn	Forældre: Peder Pedersen Sveistrup og Marie Jensdatter Understøttelsesmedlem ~ Dorte Laursdatter	GF
Svendsen, Severine Josefine		Se Nielsen	
Svenson, Kristine	∗omk. 1847 Sverige	*"Svensk Kristine"* ~ Anton Pedersen Hvass	GF
Svostrup, Anders Peder Sørensen	∗6. dec1834 SF	Forældre: ugift Maren Andersdatter og Søren Jensen, Allingskovgårds Mark Halvsøster: Petrine Pedersdatter	SF

Navn	Data	Noter	
Sørensdatter, Marie Kirstine	∗omk. 1801 ✝26. mar. 1890 Svostrup sogn	~ 1. skrædder, Søren Sørensen, Iller 2. røgter Hans Larsen Lading	GF
Sørensdatter, Marie Kirstine	∗24. mar 1831 Aidt sogn ✝4. aug 1902 GH	Forældre: Søren Christensen og Maren Sørensdatter, Aidt ~ rebslager Jens Christian Grauballe	GH
Sørensdatter, Ane	∗29. sep 1781 Grønbæk sogn ✝15. jul 1858 GH	Forældre: Søren Andersen og Maren Olufsdatter, Naderup ~ Jens Johansen Sveistrup	GH
Sørensen, Ane	∗omk. 1826	~ Laurs Sørensen.	GF
Sørensen, Cecilie Marie	∗7. mar. 1848 Grønbæk sogn ✝15. maj 1890 på Viborg sygehus	Forældre: husmand Søren Knudsen og Mette Rasmusdatter ~ Jens Jensen Boes, ægteskabet opløst ved skilsmisse Ifølge arrestjournalen for Kjellerup Arrest var hun blond og havde blå øjne.	GF
Sørensen, Ellen Kathrine	∗14. maj 1852 Balle sogn	Forældre: Søren Jensen Graver og Bodil Marie Jensen	GF
Sørensen, Else Marie	∗22. sep. 1848 Ørding sogn	Forældre: Søren Stigsen og Kathrine Jensdatter ~ Jens Peder Laursen	GF
Sørensen, Magnus	Ikke opgivet		SA
Sørensen, Margrethe Eline	∗2. okt. 1867 Grønbæk sogn	Forældre: Rasmus Sørensen og Abelone Laursen Ugift, retarderet	GF SA
Sørensen, Mette Kirstine	∗9. apr. 1838 Svostrup sogn ✝12. apr. 1897 Svostrup sogn	Forældre: Søren Christensen og Ane Andersdatter ~ Niels Thomsen	GF
Sørensen, Niels	∗omk. 1840 Grønbæk sogn ✝25. dec. 1903 Svostrup sogn	Røgter	GF

Navn	Data	Noter	
Sørensen, Niels Peder Carl	∗8. sep 1848 Viborg Domsogn	Forældre: ugift Ane Johanne Andersdatter og Søren Nielsen Smed, Viborg Eva Marie Lauridsdatters plejesøn. I kirkebogen hedder han Niels Peder Carl Nielsen.	SF
Sørensen, Peder	Ikke opgivet		GF
Sørensen, Søren	∗15. mar. 1891 GF	Mor: ugift Hansine Laura Aagaard Sørensen	GF
Sørensen, Søren Jesper	∗4. nov. 1870 Grønbæk sogn	Forældre: Rasmus Sørensen og Abelone Laursen Ugift, møllersvend	GF SA
Sørensen, Søren Jesper	∗17. mar. 1859 Grønbæk sogn ✝20. jul. 1901 Svostrup sogn	Forældre: Poul Sørensen og Karen Marie Andersen Ugift	GF
Sørensen, Kristine	∗26. feb. 1879 Svostrup sogn	Forældre: ugift Johanne Marie Hansen og enkemand Peder Thomsen, Horn	SP
Therkildsen, Maren	∗7. aug. 1813 Tvilum sogn	Forældre: Therkild Laursen og Ane Christiansdatter ~ Niels Severinsen	GF
Thomasdatter, Marie Kathrine	∗1805 Levring sogn ✝14. nov 1881 GH	Forældre: Thomas Pedersen Rod og Mette Notlev ~ Søren Nielsen Bigum	GH
Thomsen, Rasmus	∗25. dec. 1807 Svostrup sogn ✝26. dec. 1881 Svostrup sogn	Forældre: Thomas Salling og Ane Andersdatter ~ Marie Kirstine Christensdatter Fundet død i Alling Mølle	GF
Tydsk, Jens Nielsen	∗1792 Tvilum sogn ✝11. jul 1874 SF	Forældre: Niels Jensen Tydsk og Johanne Dorthea Henriksdatter ~ 1. Bodil Christensdatter 2. Margrethe Nielsdatter	SF
Vang, Mette Marie	∗3. okt. 1857 Ulfborg sogn	Forældre: ugift Christine Vang og Jens Andersen Paiberg ~ Niels Peder Nielsen, ægteskabet opløst Fødte datter, Kamilla Marie Magdalene Nielsen, på fattiggården	GF

Navn	Data	Noter	
Vang, Thorvald Emil	∗31. apr. 1890 Svostrup sogn	Forældre: ugift Mette Marie Vang og ungkarl Niels Peder Nielsen Ifølge arrestjournalen fra Kjellerup Arrest var han 170 cm høj, stærk af bygning med blondt hår og brune øjne og manglede ringfingeren på højre hånd.	GF SA
Vest, Christen Pedersen	∗18. jul. 1802 Vorning sogn ✝1. dec. 1885 Svostrup sogn	Forældre: Peder Jensen og Kirsten Andersdatter	GF
Vibholt, Mette Jensen	∗2. okt. 1840 Flynder sogn ✝28. okt. 1886 Svostrup sogn	Forældre: Jens Christensen Lystbæk og Ane Kathrine Christensdatter ~ Johannes Nielsen	GF
Viborg, Ane Elisabeth Jensen	∗12. jan. 1888 Grønbæk sogn	Forældre: Niels Peder Jensen Viborg og Ane Marie Christensen	GF
Viborg, Carl Johan Jensen	∗24. jan. 1883 Grønbæk sogn	Forældre: Niels Peder Jensen Viborg og Ane Marie Christensen	GF
Viborg, Jens Christian Jensen	∗27. sep. 1880 Grønbæk	Døbenavn Christensen Forældre: ugift Ane Marie Christensen og skomager Pedersen i Thorning Stedfar: Niels Peder Jensen Viborg Jens Christian blev født mens Ane Marie og Niels Peder var separeret første gang	GF
Viborg, Jens Peder Jensen	∗16. feb 1845 Spentrup sogn	Forældre: Jens Jensen Viborg og Johanne Marie Pedersdatter ~ Kristiane Johansen Windstrup	GF
Viborg, Karen Marie Jensen	∗19.apr. 1885 Grønbæk sogn	Forældre: Niels Peder Jensen Viborg og Ane Marie Christensen	GF
Viborg, Mariane Jensen	∗22. mar. 1878 Højbjerg sogn	Forældre: Niels Peder Jensen Viborg og Ane Marie Christensen	GF

Navn	Data	Noter	
Viborg, Niels Peder Jensen	∗16. aug. 1849 Sahl sogn	Forældre: Jens Laursen Viborg og Karen Marie Jensdatter ~ Ane Marie Christensen, ægteskabet opløst ved separation to gange, sandsynligvis p.g.a. at Niels Peder mishandlede Ane Marie, hvilket han blev straffet for flere gange. Ifølge arrestjournalen for Kjellerup Arrest havde han sort hår og blå øjne.	GF
Voer, Hans Peder Jensen	∗18. mar. 1829 Lemming sogn	Forældre: murer Jens Pedersen Voer og Mette Marie Johansdatter Ifølge arrestjournalen for Kjellerup Arrest var han blond med blå øjne	GF
Wacher, Ane Elisabeth Mikkelsdatter	∗30. jun 1817 Thorning sogn ✝3. feb 1888 Grønbæk sogn	Forældre: indsidder Johan Mikkel Wacher og Karen Christensdatter, Ungstrup Opvarterske på Grønbæk Hospital ~ Rasmus Nielsen Smed, Ans	GH
Ziegenfeldt, Hans Christian Peder Hansen	∗15. apr. 1819 Grønbæk sogn ✝12. feb. 1907 GF	Forældre: skomager Peder Hansen Ziegenfeldt og Marie Kirstine Rasmusdatter Kludesamler ~ Karen Marie Nielsdatter Glas	SF GF
Ziegenfeldt, Marie Kirstine Hansen	∗5. jun 1852 Grønbæk sogn	Forældre: Hans Christian Hansen Ziegenfeldt og Karen Marie Nielsdatter Glas	SF
Ziegenfeldt, Marie Magdalene Hansen	∗12. nov 1861 SF ✝21. jan 1866 SF	Forældre: Hans Christian Hansen Ziegenfeldt og Karen Marie Nielsdatter Glas	SF
Ziegenfeldt, Niels Hansen	∗6. mar 1858 Gulev sogn ✝3. maj 1873 SF	Forældre: Hans Christian Hansen Ziegenfeldt og Karen Marie Nielsdatter Glas Stum, retarderet	SF
Ziegenfeldt, Peder Hansen	∗19. jun 1856 Gulev sogn	Forældre: Hans Christian Hansen Ziegenfeldt og Karen Marie Nielsdatter Glas	SF
Ziegenfeldt, Rasmus Hansen	∗2. feb 1860 SF ✝20. maj 1860 SF	Forældre: Hans Christian Hansen Ziegenfeldt og Karen Marie Nielsdatter Glas	SF
Ziegenfeldt, Rasmus Hansen	∗12. nov 1861 SF	Forældre: Hans Christian Hansen Ziegenfeldt og Karen Marie Nielsdatter Glas	SF

Navn	Data	Noter	
Aastrup, Carl Christian	✶15. jun 1822 Trinitatis sogn ✝6. nov. 1896 Svostrup sogn	Forældre: Jacob Aastrup og Maren Zimmermann ~ Ane Johansdatter Understøttelsesmedlem	GF

Kilder:

Allinggård Gods:

- Skifteprotokoller

Christianshavns Kvindefængsel:

- Fangefotografier
- Generalieprotokol 1878-1883
- Protokol over kvindefanger 1900-1905
- Skoleprotokol 1868-1903
- Sygelister

Grønbæk-Svostrup Kommune og Svostrup Kommune:

- Dagbog for Fattiggården 1880-1921
- Forhandlingsprotokol for fattigvæsenet 1839-1878
- Grønbæk-Svostrup Kommunes forhandlingsprotokoller 1885-1909
- Grønbæk-Svostrup Kommunes regnskaber 1880-1908
- Grønbæk-Svostrup Sogneråds Kopibøger 1884-1908
- Hovedbog for Fattigunderstøttelse 1896-1907
- Hovedbog for Fattigvæsen, Kommunehjælp, Allimentation m.m. 1908-1933
- Hovedbog for Alderdomsunderstøttelse 1908-1931
- Inventarliste for Fattiggården 1880-1921
- Korrespondance og diverse dokumenter fra Grønbæk-Svostrup Kommune
- Lemmebog ved Fattiggården 1880-1914
- Tilsynsbog for Fattiggården 1880-1931

Hads-Ning Herred:

- Arrestjournal 1894-1905
- Domprotokol 1900-1903 Domprotokol 1900-1903
- Visitationsprotokol 1857-1916

Silkeborg Avis:

- 5. sep. 1879
- 9. april 1888
- 12. april 1888

Silkeborg Centralsygehus:

- Indlæggelses protokol 1902-1911
- Patientjournaler 1903-1904

Silkeborg Kommune:

- Fattigvæsenets kopibog 1892-1900
- Hovedbog over fattigunderstøttede 1891-1900
- Bygningsarkiv

Sønderhald-Øster Lisbjerg-Rougsø Herred:

- Domprotokol A 1891-1896

Vejle Byfoged:

- Arrestprotokol 1891-1896

Viborg Amts Arbejdsanstalt:

- Protokol for arbejdsanstaltens inspektør over de indlagte lemmer 1882-1901

Viborg Amtsråd:

- Fattigvæsenssager 1885, A5-A28
- Indberetninger om fattiggårde og huse 1883-1885
- Indberetninger om fattiggårde og huse 1890-1891
- Oversigt over fattighusene i Viborg Amt 1876-1880

Viborg Købstad:

- Arrestprotokol for Viborg Arresthus 1909-1919

Hammerum Herred:

- Visitationsprotokol 1891-1893

Københavns politi:

- Stamrulle over fast ansat personale 1863-1877

Lysgård-Hids og en del af Houlbjerg Herred:

- Arrestjournal, Kjellerup Arrest 1859-1888
- Arrestjournal, Kjellerup Arrest 1889-1903
- Dombog 1877-1885
- Dombog 1885-1889
- Politiprotokol 1875-1878
- Politiprotokol 1878-1882
- Politiprotokol 1887-1888
- Strafferegister 1850-1895
- Strafferegister 1890-1921
- Realregister for Svostrup sogn
- Straffeakter 1888
- Visitationsprotokol, Kjellerup Arrest 1878-1889

Viborg Sindssygehospital:

- Indskrivningsprotokol, kvinder 1877-1969
- Patientjournaler 1900-1902
- Patientjournaler 1907

Voer-Nim Herred:

- Domprotokol 1900-1908

Øvrige kilder:

- Brev fra Christian Fischer på Allinggård til pastor Hurtigkarl i Grønbæk
- Private familieerindringer stillet til rådighed af Bjarne Smedegaard og Helmer Sangill.

Kirkebøger og Folketællinger:

Aarhus Domsogn	Hasle herred	Aarhus amt
Aidt sogn	Houlbjerg herred	Viborg amt
Almind sogn	Middelsom herred	Viborg amt
Aulum sogn	Hammerum herred	Ringkøbing amt
Balle sogn	Hids herred	Viborg amt
Ballerup sogn	Smørum herred	Københavns amt
Borup sogn	Støvring herred	Randers amt
Brabrand sogn	Hasle herred	Aarhus amt
Dejbjerg sogn	Bølling herred	Ringkøbing amt
Dråby sogn	Mols herred	Randers amt
Egå sogn	Øster Lisbjerg herred	Randers amt
Estruplund sogn	Rougsø herred	Randers amt
Fakse sogn	Fakse herred	Præstø amt
Fiskbæk sogn	Nørlyng herred	Viborg amt
Fjelsted sogn	Vends herred	Odense amt
Flynder sogn	Skodborg herred	Ringkøbing amt
Frederiks sogn	Lysgård herred	Viborg amt
Funder sogn	Hids herred	Viborg amt
Fårevejle sogn	Ods herred	Holbæk amt
Gimming sogn	Støvring herred	Randers amt

Gjerning sogn	Houlbjerg herred	Viborg amt
Granslev sogn	Houlbjerg herred	Viborg amt
Grønbæk sogn	Lysgård herred	Viborg amt
Gulev sogn	Houlbjerg herred	Viborg amt
Gødvad sogn	Hids herred	Viborg amt
Haderup sogn	Ginding herred	Ringkøbing amt
Haldum sogn	Sabro herred	Aarhus amt
Hinge sogn	Lysgård herred	Viborg amt
Hansted sogn	Voer herred	Skanderborg amt
Horsens Vor Frelser	Nim herred	Skanderborg amt
Hvejsel sogn	Nørvang herred	Vejle amt
Højbjerg sogn	Lysgård herred	Viborg amt
Hørby sogn	Hindsted herred	Ålborg amt
Karup sogn	Lysgård herred	Viborg amt
Kragelund sogn	Hids herred	Viborg amt
Ladding sogn	Sabro herred	Aarhus amt
Lem sogn	Rødding herred	Viborg amt
Lemming sogn	Hids herred	Viborg amt
Levring sogn	Lysgård herred	Viborg amt
Linå sogn	Gjern herred	Skanderborg amt
Maglehem sogn	Kristiansstad len	Sverige
Nazaret sogn	Sokkelund herred	Københavns amt
Nødager sogn	Djurs Sønder herred	Randers amt
Nørre Trandders sogn	Fleskum herred	Ålborg amt
Onsbjerg sogn	Samsø herred	Holbæk amt
Pederstrup sogn	Nørlyng herred	Viborg amt
Ramsing sogn	Rødding herred	Viborg amt
Sahl sogn	Houlbjerg herred	Viborg amt
Seest sogn	Anst herred	Ribe amt
Sevel sogn	Ginding herred	Ringkøbing amt
Silkeborg sogn	Gjern herred	Skanderborg amt
Skt. Johannes sogn	Sokkelund herred	Københavns amt
Skt. Lukas sogn	Hasle herred	Aarhus amt
Skt. Matthæus sogn	Sokkelund herred	Københavns amt
Skt. Mortens sogn	Støvring herred	Randers amt
Svanninge sogn	Salling herred	Svendborg amt
Svostrup sogn	Hids herred	Viborg amt
Sunds sogn	Hammerum herred	Ringkøbing amt
Søby sogn	Gjern herred	Skanderborg amt
Sønder Vinge sogn	Middelsom herred	Viborg amt
Torsted sogn	Hatting herred	Vejle amt
Them sogn	Vrads herred	Skanderborg amt
Thorning sogn	Lysgård herred	Viborg amt
Trinitatis sogn	Sokkelund herred	Københavns amt

Tulstrup sogn	Gjern herred	Skanderborg amt
Tvilum sogn	Gjern herred	Skanderborg amt
Tømmerby sogn	Vester Han herred	Thisted amt
Ulfborg sogn	Ulfborg herred	Ringkøbing amt
Vadum sogn	Kær herred	Ålborg amt
Vejerslev sogn	Houlbjerg herred	Viborg amt
Vejlby sogn	Sønderhald herred	Randers amt
Vejlby sogn	Hasle herred	Aarhus amt
Veng sogn	Hjelmslev herred	Skanderborg amt
Vester Assels sogn	Morsø Sønder herred	Thisted amt
Vester Broby sogn	Alsted herred	Sorø amt
Vinderslev sogn	Lysgård herred	Viborg amt
Vindum sogn	Middelsom herred	Viborg amt
Vium sogn	Lysgård herred	Viborg amt
Vor Frue sogn	Hasle herred	Aarhus amt
Vor Frue sogn	Sokkelund herred	Københavns amt
Voldum sogn	Galten herred	Randers amt
Vorning sogn	Sønderlyng herred	Viborg amt
Vroue sogn	Fjends herred	Viborg amt
Ølst sogn	Galten herred	Randers amt
Ørding sogn	Morsø Sønder herred	Thisted amt

Hjemmesider:

www.danmarkshistorien.dk
Danmarkshistorien.dk (17. mar 2013)
http://www.h58.dk/Fattigv/index.htm
Forordninger og love vedrørende Fattigvæsen og anden offentlig forsørgelse (25. sep 2013)
www.fynhistorie.dk
dis.danmark (25. nov 2013)
www.faengselshistorie.dk
Fængselshistorisk Selskab (17. mar 2013)
http://hjnet.dk
Hans Jørgens hjemmeside, Hans Jørgen Hansen, Tvedvej 53, 5700 Svendborg (25. jun. 2012)
www.h58.dk
Hjemmeside for Birgit og Martin Henriksen (7. jan. 2012)
www.kronborgresearch.dk
Margit og Oves hjemmside, Ove C. Kronborg, Langløkke 8, 6470 Sydals (27. apr. 2012)
www.nyreforeningen.dk
Nyreforeningen (6. apr. 2013)
www.politietsregisterblade.dk (18. jun. 2012)
Politiets Registerblade

Bøger og artikler m.m.:
C. Christensen-Dalsgaard (1948): *"En Børneflok vokser op"*, Østjysk Hjemstavn 1948

Ejnar Poulsen (1957): *"Viborg Amts Degne- og skolehistorie"*, Forfatterens forlag.

Gunnar Rasmussen (2010): *"Silkeborg Fattiggård 1868-1958"*, Silkeborg Kulturhistoriske Museum.

Hans H. Worsøe (1977): *"Grønbæk Hospitals opførelse og første år"*, Særtryk af Historisk Samfunds Årbog 1977

Sigurd Møller (1980): *"Grønbæk Hospital, et tilbageblik"*, Blicheregnens Museumsforenings årsskrift 1980

Private erindringer fra Ejnar Smedegaard, stillet til rådighed af Bjarne Smedegaard.

Familieerindringer, stillet til rådighed af Helmer Sangill.

Private erindringer fra Erna Andersen.

Noter:

---

[1] Udtinge = forbeholde sig at udtage noget efter aftale, overenskomst
[2] Fattiges Blok = ifølge Mothsordbog.dk: *"en udhuled firkantig og lang Knub* (stort stykke træ), *vel beslagen med Jern og gode Lâse for, som staer i Kirker, eller andensteds for at samle Almisse i"*
[3] Lov om det offentlige Fattigvæsen 1891
[4] Davre = morgenmad
[5] Nadver = aftensmad
[6] Søren Sørensens enke er Karen Marie Hansen, hvis historie fortælles under overskriften *"En kvinde med temperament"*.
[7] C. Christensen-Dalsgård (1948): *"En børneflok vokser op"*, Østjysk Hjemstavn 1948
[8] C. Christensen-Dalsgård (1948): *"En børneflok vokser op"*, Østjysk Hjemstavn 1948
[9] Citat fra Lysgård-Hids og en del af Houlbjerg herreds domprotokol 1877-85
[10] Sædvanlig fangekost = forplejning efter fængselsreglementet uden adgang til ekstra forplejning
[11] Udenrigsminister baron Ditlev Rosenørn-Lehn var en af initiativtagerne til at få oprettet Tvangsarbejdsanstalten ved Sakskøbeing
[12] Citant = sagsøger
[13] Magdalenehjem = kristeligt hjem for unge kvinder, der er i fare for at glide ud i prostitution.
[14] Valtergård = Dybkærlund. Den daværende ejer hed Walter til efternavn, deraf navnet Valter-gård
[17] Bagerst fra venstre Ane Marie Huus, født Andersen, Marie Hansen, født Jensen, opvartersken Mette Marie Jensen og Ane Margrethe Hansen, født Nielsdatter.
Forrest fra venstre: Ane Marie Magdalene Kramer (kaldet Espersen), Birgitte Jacobsdatter og Kirsten Christensen (kaldet Poulsen)